日経文庫
NIKKEI BUNKO

SDGs入門

村上 芽・渡辺珠子

日本経済新聞出版

はじめに

2015年9月に国連総会でSDGs（持続可能な開発目標）が採択されて以降、政府や自治体、企業、非営利団体や大学などで、SDGsに関する様々な取り組みが展開されています。この本を手に取った皆さんも、おそらく新聞記事やニュースなどを通じてSDGsという単語を一度ならず目にしたり耳にしたことがあると思います。

その上でSDGsって何？　具体的に何をすればいいの？　絶対に取り組まなければいけないの？　など、様々な疑問を持っているかもしれません。

著者は普段、企業や自治体向けのSDGsについての講演や、SDGsに貢献する取り組みを検討するワークショップの講師などを担当しています。

参加された企業や自治体の方々にSDGsに対する印象や、取り組む上での疑問や悩みを聞いてみると、「SDGsについて従業員に理解してもらうためのよい方法はないだろうか」「すでに環境対策や働き方改革はやっているけれど、それだけではだめなのか」「発展途上国への支援をしなければ、SDGsに取り組んでいるとは言えないのか」「いったい何から始めたらよいのか」「日々の業務で手一杯で、ＳＤＧｓのような新しい取り組みまで手が回らない」など、様々な回答が返ってきます。

ＳＤＧｓの17の目標をよく見てみると、あなたの子どもや孫、ひ孫世代が安心して住むことのできる世界を、どうやってつくっていくか、そのために私たちが今取り組むべきことは何かについて書かれているということに気が付きます。すでに取り組んでいることが含まれていることにも気が付くでしょう。

多くの企業が世の中をよくするための製品・サービスを提供していますし、従業員が健康でいきいきと働くための取り組みや、節電やごみの削減など地球環境の保全につながる取り組みも積極的に行っています。自治体では行政として当然広く関わっています。

だから、今の取り組みでもＳＤＧｓの目標達成に貢献していると言える組織は多いはずなのです。しかし、もっと工夫できることがあるはずだ、ということをＳＤＧｓは私たちに投げかけています。

著者の講演やワークショップでも、現在の取り組みをＳＤＧｓの観点から見直すだけでなく、世界のお困りごとを解決するためにリソース（人材、技術、製品・サービス、その他の様々な資産）を活用して何ができるかといったことを考える時間を設けています。

先日、ワークショップに参加したあるエンジニアの方から「（参加したものの）当初はSDGsにはそれほど興味はなかったんです。だから自分の仕事に関係のある情報ばかりに目が向いていたんだけど、最近は新聞やテレビのニュースを見てSDGsのどの目標に関係するか、自分の仕事を通じてできることは何かな、と考えることが増えました」という感想をいただきました。

SDGsは世界全体の目標なので、一見すると自分にはあまり関係しそうもないような目標に見えるかもしれません。しかしSDGsの達成に向けて、「あなた自身や身の回りのこと」にいかに引き付けて考えられるかが大切だと思います。

この本は、これからSDGsに取り組む方の参考になるように、SDGsの基本的な内容はもちろんのこと、SDGsの観点から見ると、企業の取り組みがどのように見えるのか、そしてこれから取り組むにあたっての第一歩をどう踏み出すかについて触れています。

特に企業経営の視点で書いていますが、自治体経営にも役立てていただけると思います。

SDGsの取り組み支援の一端に携わるものとして、この本が皆さんの第一歩を踏み出すヒントになることを願ってやみません。

ＳＤＧｓ入門　目次

第3章　SDGsに取り組むときのヒント　79

第4章　SDGsにビジネスで貢献する　101

第5章　ＳＤＧｓの取り組みテーマを選ぼう　139

第1章
まずはSDGsを理解しよう

1　ＳＤＧｓとは持続可能な世界のための17の目標

ＳＤＧｓの目標にはどんな種類があるのか

ＳＤＧｓ（エスディージーズ）とは、Sustainable Development Goals という英語の頭文字を取った略称です。「持続可能な開発目標」と訳します。

こういうときは普通「ＳＤＧ」と略すのではないの、と言いたくもなりますが、末尾に「ｓ」がついているのは、目標が17個、1つのセットのようなまとまりになっているからなのです。英語では、複数なのか単数なのかを区別しますね。ここでは、何か1つ達成できたらよいのではなくて、17個、セットになっているのが大事なんだ、ということを理解して、「エスディージー〝エス〟」とは読まないように気を付けておきましょう。

ＳＤＧｓの17の目標を19ページの図表1に並べました。こうすると、この一覧表だけでＳＤＧｓなのかなと思いがちですが、そういうわけではありません。

企業でも、「売上目標」や「活動目標」だけがポンと置かれていることは少ないのではないでしょうか。通常は、老舗企業であれば創業の精神から、若い企業でも経営理念やミッション・ビジョンといった言葉で、「我々が集まってこの事業を一緒にやる意義や目的」を共有しています。

そうした理念や、経営の目的の実現のために、毎年利益を上げて存続していこうというのが企業です。目的を実現するためには、具体的な目標を決めて、主に経営者と従業員のあいだで共有し、日々の活動に落とし込んでいくことが多いでしょう。目標には、期間を定め、定性的なものと定量的なもの（数値）を組み合わせたり、実績からの積み上げで作ったり、まったく新たに置いたりする決め方があります。

SDGsを世界共通の成長戦略と捉える

こういう目線でSDGsを見てみると、17の目標には、「こういうふうに行動し、こんな状態になりたい」という内容が書かれています。だから、「ゴール」と名付けられていますが、未来像を描いているという意味では「ビジョン」にも近いとも言えます。

ただこれらのゴールだけだと、「誰がやるの？」「どういう考え（理念）に裏打ちされているの？」「今までやってきた環境保全活動や女性活躍推進、働き方改革と似ているような、似ていないような？」など、様々な疑問がわいてきます。

10 人や国の不平等をなくそう	各国内及び各国間の不平等を是正する
11 住み続けられるまちづくりを	包摂的で安全かつ強靭（レジリエント）で持続可能な都市及び人間居住を実現する
12 つくる責任 つかう責任	持続可能な生産消費形態を確保する
13 気候変動に具体的な対策を	気候変動及びその影響を軽減するための緊急対策を講じる
14 海の豊かさを守ろう	持続可能な開発のために海洋・海洋資源を保全し、持続可能な形で利用する
15 陸の豊かさも守ろう	陸域生態系の保護、回復、持続可能な利用の推進、持続可能な森林の経営、砂漠化への対処、ならびに土地の劣化の阻止・回復及び生物多様性の損失を阻止する
16 平和と公正をすべての人に	持続可能な開発のための平和で包摂的な社会を促進し、すべての人々に司法へのアクセスを提供し、あらゆるレベルにおいて効果的で説明責任のある包摂的な制度を構築する
17 パートナーシップで目標を達成しよう	持続可能な開発のための実施手段を強化し、グローバル・パートナーシップを活性化する

［出所］ロゴ：国連広報センター／目標：外務省

図表1　SDGsの17の目標

ロゴ	目標
1 貧困をなくそう	あらゆる場所のあらゆる形態の貧困を終わらせる
2 飢餓をゼロに	飢餓を終わらせ、食料安全保障及び栄養改善を実現し、持続可能な農業を促進する
3 すべての人に健康と福祉を	あらゆる年齢のすべての人々の健康的な生活を確保し、福祉を促進する
4 質の高い教育をみんなに	すべての人々への、包摂的かつ公正な質の高い教育を提供し、生涯学習の機会を促進する
5 ジェンダー平等を実現しよう	ジェンダー平等を達成し、すべての女性及び女児の能力強化を行う
6 安全な水とトイレを世界中に	すべての人々の水と衛生の利用可能性と持続可能な管理を確保する
7 エネルギーをみんなに そしてクリーンに	すべての人々の、安価かつ信頼できる持続可能な近代的エネルギーへのアクセスを確保する
8 働きがいも経済成長も	包摂的かつ持続可能な経済成長及びすべての人々の完全かつ生産的な雇用と働きがいのある人間らしい雇用（ディーセント・ワーク）を促進する
9 産業と技術革新の基盤をつくろう	強靭（レジリエント）なインフラ構築、包摂的かつ持続可能な産業化の促進及びイノベーションの推進を図る

まず、この17の目標がどこに書いてあるかを確認しましょう。それは、２０１５年９月25日の第70回国連総会で採択された、「我々の世界を変革する：持続可能な開発のための２０３０アジェンダ」という文書の中にあります。日本語では37ページあり、外務省のホームページに掲載されています。[1]日本の省庁の中で国連関係を担当するのは外務省だからです。

「アジェンダ」という言葉は、会議や発表を行うときに「議題」や「目次」という程度に使うこともあります。「本日のアジェンダは３つあります」などと耳にすることもあるでしょう。

しかしここでは、もっと広く、戦略や行動計画といった意味になります。「２０３０年に向けた戦略と行動」くらいに理解しておくとよいです。[2]

さらに、「開発戦略」と考えるとやや途上国寄りになりますが、「成長戦略」だと言い換えられます。すなわち、２０３０年に向けた、全世界共通の、持続可能な成長戦略があり、その中心として書き込まれているのがＳＤＧｓなのです。

「持続可能な」とついているので、いかにも環境問題や社会問題だけのことを言っているように思うかもしれません。でもそうではなく、「各国の状況に応じて、一人当たり経済成長

図表2　2030アジェンダの構造

我々の世界を変革する：
持続可能な開発のための2030アジェンダ

【前文】「人間、地球及び繁栄のための行動計画」と書き出す

【宣言】世界が直面する危機や機会、アジェンダの特徴を説明

【持続可能な開発目標（SDGs）とターゲット】
17のゴールと169のターゲット一覧

【実施手段とグローバル・パートナーシップ】

【フォローアップとレビュー】

［出所］筆者作成

率を持続させる。特に後発開発途上国は少なくとも年率7%の成長率を保つ」という細目（ターゲット）もあるように、お金のこともしっかり書いてあります。

このような、「みんなのための成長戦略だ」という理解のもと、さらに読み解いていきましょう。

ゴール本文を読んでみよう

17のカラフルなロゴの一覧だけを目にしていると、ロゴについている短縮された目標の表現を頭に入れてしまいがちです。

暗記してしまうことも悪くありませんが、例えば目標2では、ロゴについているのは「飢餓をゼロに」です。日本のような先進国で平均的

な生活をしていると、「飢餓」と言われてもちょっと自分の課題ではないな、と感じて飛ばして読んでしまいたくもなります。実際、日本企業で目標2を重視している企業は少ない状況です。[3]

ですが、目標2の全文は、「飢餓を終わらせ、食料安全保障及び栄養改善を実現し、持続可能な農業を促進する」です。「食料安全保障」や「栄養改善」、「持続可能な農業」というキーワードも含まれていることが分かります。

「食料安全保障」については、日本の食料自給率は約38%。[4] 99%以上を輸入に頼っている食料もあります。「栄養改善」については、あまり知られていませんが2500グラム未満で生まれてくる赤ちゃんを「低出生体重児」と言い、日本の割合は先進国の中では多い方の10%[5]となっており、母親のダイエット志向が乳児に与える影響が心配されています。また、低所得層では野菜不足が確認されており、[6] 片寄った栄養バランスが懸念されます。さらに、「持続可能な農業」については、農家や畜産農家、漁業家の減少や、農薬や乱獲の問題が解消されていません。

目標2を「飢餓をゼロに」とだけ理解せず、全文を読むだけで、連想する世界が大きく広がります。食品、卸売（商社）、小売、化学（肥料や農薬）、産業機械、情報通信、運輸などの産業が広く関わっています。また、農林水産業に就く人を増やす取り組み、特に漁業で問題になっているような獲りすぎによる資源減少を予防するような取り組みもＳＤＧｓにつながります。高齢者や乳幼児、貧困家庭の栄養改善につながるような取り組み（子ども食堂など）も直結するでしょう。

１６９のターゲットこそ宝の山

ＳＤＧｓには17の目標のもと、１６９のターゲット[7]も作られています。17だけしかないと、たとえ全文を読んでもさすがに課題が大きすぎて、具体的にどうしてよいかまでは分かりにくいです。そこで、17の目標にそれぞれついている細目にあたる、１６９のターゲットを見ていけばよいのです。このターゲットの中身については、本書では第5章を中心に詳しく取り上げていきますが、まさに世界の「こうなりたい」が詳しく書き込まれているターゲットこそ、企業にとって取り組みのヒントになる宝の山だと言えます。

前項で、目標2を例にまずはゴールの全文を読んでみましたが、目標2には、全部で8つのターゲットがついています。そのうち半分の4つについて、少し細かく見ていきましょう。

2・2　5歳未満の子どもの発育阻害や消耗性疾患について国際的に合意されたターゲットを2025年までに達成するなど、2030年までにあらゆる形態の栄養不良を解消し、若年女子、妊婦・授乳婦及び高齢者の栄養ニーズへの対処を行う。

前半の、「国際的に合意されたターゲットを」に目が行くと、「何それ？」となってちょっと止まってしまいます。注記がついているわけでもないので少々不親切ですね。ここではWHO（世界保健機関）の「国際栄養目標2025」[8]のことを指しています。ただ、この手の政府間の条約や、国際会議での何らかの合意について、一つひとつ追いかけていくことは困難ですし、必要というわけではありません。

民間企業としては、ターゲットの後半に注目し、「あらゆる形態の栄養不良を解消」すること、「若年女子、妊婦・授乳婦及び高齢者」の栄養を改善するような製品・サービスが求められているのだ、と理解することが第一歩になります。

> 2・4　2030年までに、生産性を向上させ、生産量を増やし、生態系を維持し、気候変動や極端な気象現象、干ばつ、洪水及びその他の災害に対する適応能力を向上させ、漸進的に土地と土壌の質を改善させるような、持続可能な食料生産システムを確保し、強靭（レジリエント）な農業を実践する。

このターゲットは、農業を強く、持続可能にしよう、と言っています。したがって、農家のみならず、食品製造、卸・小売など農業から仕入れる立場の企業や、農業機械や肥料、農薬等の農業向けビジネスを行う企業にも関係が深いです。

ここで目指している持続可能な食料生産システムは、世界中の人が飢えることのないよう、生産量を増やしつつも、生態系を維持したり土壌の質を改善させたりする、量と質を両立させたものとなっています。さらに、農業は気象の影響を大きく受けることから、地球温暖化により今後進行してしまう気候変動に対し、適応できるようにしておこうと述べています。2030アジェンダでは気候変動を最も深刻なリスクの一つと捉えていることから、このターゲットのように、様々な箇所でその影響について触れられています。

２・５　２０２０年までに、国、地域及び国際レベルで適正に管理及び多様化された種子・植物バンクなども通じて、種子、栽培植物、飼育・家畜化された動物及びこれらの近縁野生種の遺伝的多様性を維持し、国際的合意に基づき、遺伝資源及びこれに関連する伝統的な知識へのアクセス及びその利用から生じる利益の公正かつ衡平な配分を促進する。

このターゲットでは、冒頭に「２０２０年までに」とあってアレッと思いますね。１６９のターゲットの中には、このように、２０２０年や２０２５年を目標年に置いているものもあります。先ほどの２・２でもそうでしたが、２０２０年や２０２５年をもともと目標年に置いていた国際的な合意（条約や議定書など）がある場合、ＳＤＧｓがその合意の具体名には触れずにエッセンスを取り上げているものです。

ここでは、２０１０年に生物多様性条約の締約国会議が愛知で開かれた際に決まったことから、愛知目標[9]と言われている目標群をもとに、特に遺伝資源に焦点をあてたターゲットになりました[10]。

2・b　ドーハ開発ラウンドの決議に従い、すべての農産物輸出補助金及び同等の効果を持つすべての輸出措置の並行的撤廃などを通じて、世界の農産物市場における貿易制限や歪みを是正及び防止する。

ターゲットの番号を見てください。数字ではなくアルファベットがついています。169のターゲットの中には、「2・1、2・2」のような数字のものと、「2・a、2・b」のようなアルファベットのものがあります。前者は特にゴールの中身に関するターゲット、後者は実現方法に関するターゲットというふうに使い分けられています。この2・bは、正面から貿易政策を対象としているので、企業としての役割を見出すところがありません。

こういうことが政策課題に挙がっており、一見すると環境や社会というよりも経済政策ど真ん中の内容のものが、「飢餓をなくそう」と覚えがちな目標2のターゲットとして存在していると理解しておきましょう。

2 ＳＤＧｓが達成できないと、世界はどうなるのか

人間活動から生じた課題を解決しよう

このような、なかなかボリュームがある内容のＳＤＧｓは、なぜ必要とされているのでしょう。

それは、世界共通の目標なしに各国や企業がふるまうと、世界的な課題が十分なスピードで解消されず、逆に世界の状況がますます悪くなり、ゆくゆくは人間の生活そのものが脅かされてしまう、安全・安心で平和な世界とはほど遠い状態になることが強く懸念されているからです。

平和で、災害の少ない世界でこそ、豊かなビジネスを展開できると言っても過言ではありません。日本政府のＳＤＧｓのプロモーションに一役買っている日本のエンタメ企業も、平和だからこそそのエンタメ産業だという認識のもとで活動しているのです。

これまでの人間活動から生じた課題は多様で、深刻な影響を引き起こしています。人間活動には、個人、地域、企業、政府等のすべての階層が含まれます。

深刻な影響の例をまとめると図表3の通りですが、企業にとってのポイントは、今まで通り、利益重視で好きなようにふるまうと、それがかえって経営リスクとして自らにはね返ってくるかもしれない、ということです。

例えば、産業革命以降のエネルギー消費量の増加により、二酸化炭素の排出量が増え、空気中の温室効果ガスの濃度が上がることによって、気候変動が引き起こされ、異常気象が頻発しています。2018年の台風21号は、近畿地方を直撃し、関西国際空港が冠水するなどの大きな被害をもたらしました[11]。風水害等による損害保険金の支払額としても5851億円と、国内過去最高となりました。

あるいは、資源や領土を巡る国家間や民族間の紛争などにより発生する暴力や武力紛争の代償は、2015年の世界のGDPの9・1%に相当しました。

こうした課題間もつながっており、例えばシリア内戦は、近隣国や欧州に向けて脱出する大量の難民を生み出しました。この内戦の原因として、地中海東部における記録的な干ばつによって、農村地域から都市に人口が流入し、不安定な生活を営む人が急増したことが指摘されています[12]。干ばつの原因は気候変動と考えられており、気候変動と難民がつながっているのです。

図表３　持続可能性に関するリスク例

これまでの活動から生じた様々な課題
増加するCO_2排出、温暖化
格差・貧困
環境汚染
ジェンダー差別
先進国の債務増、景気後退
相次ぐ企業不祥事
気候変動に起因する自然災害は1980年代から頻度が倍増
世界の暴力と武力紛争の代償は2015年の世界のGDPの9.1％に相当
生物多様性の損失や生態系の被害は2015年の世界のGDPの3.1％に相当
女性は同等の仕事に対して男性よりも25％も賃金が低い現実
1980年代以降、先進国の実質賃金の中央値は停滞
世界80％の国において、企業CEOへの信頼度が２桁の低下
物理的リスク、規制強化リスク、ステークホルダーからの批判・反発リスク
ビジネスコストの増加、安定操業・将来成長への悪影響

［出所］ビジネスと持続可能な開発委員会「より良きビジネス、より良き世界」を参照し日本総合研究所作成

こうしたことから、SDGsは「大胆な変革」が必要であると訴えています。原文での2030アジェンダの冒頭にあるのは“transforming our world”（我々の世界を変革する）です。日本語では単に「変革」と訳されることが多いですが、既存の取り組みの延長線上ではなく、「大胆」であるべきです。序文にも、“bold and transformative steps”（大胆かつ変革的な手段）という表現が取られています。[13]

途上国・新興国にとっての持続可能な開発

途上国（developing countries）は、「開発途上国」「発展途上国」などとも言われるように、これから成長していこうという国々です。その中でも特に成長の著しい国を新興国と呼びます。

SDGsの達成できない世界になってしまうことを避けたい以上、これからの成長に、「持続可能性」が非常に重要な条件になることは言うまでもありません。

すなわち、これから成長する途上国は、先進国における公害や環境破壊、健康問題、労働問題といった経済成長の負の歴史をそのままたどりたいはずはなく、後発なりのメリットを活かしてジャンプアップしたいはずです。ちなみに固定電話を経験せずにいきなりスマホを手にするとか、電気代の高い白熱電球の時代を経ずにいきなりＬＥＤが普及するようなことを、「蛙飛び」の開発と言います。

アメリカ人の生活は、地球３・９個分の資源を必要とする、[14]などというたとえをされるように、みなが「今まで通り」に経済成長しては、地球がもたなくなり、結局総倒れになってしまうことが危惧されます。

と、先進国から見れば考えたいところですが、途上国からすればそうはいかない、納得できないところもあったのです。

地球温暖化にせよ生物多様性の喪失にせよ、先進国がこれまで主導してきた世界経済の結果として起こった環境問題であり、「我々は早く発展したい。だから、安く発電できる発電技術を使って電気を通し、井戸を掘ったり灌漑技術を導入したりして水の使える量を増やし、高速道路を整備して個人所有の自動車でどんどん移動できるようにしたい」、といったことが、環境問題に対する途上国の最初の反応でした。

このため、パリ協定の前の地球温暖化防止に対する国際的な約束だった「京都議定書」（１９９７年採択）では、先進国にのみ、温室効果ガスの排出削減について定量目標が課されたのです。こうした開発を巡る考え方のギャップは、「南北問題」とも言います。北＝先進国、南＝途上国という構図です。

しかし、経済大国となった中国やインドが積極的に動かなくては、環境問題が解決されるはずはなく、環境問題が深刻化すればその悪影響をひどく被るのは途上国であるという予測も出てきました。そこで、「途上国も途上国なりに、できることをやるべき」という流れが強くなり、パリ協定では途上国も含めた参加国がそれぞれ、自主的な国別目標を設定することになりました。

SDGsでも、ゴール達成のための資金源は、先進国や国際金融機関から途上国への援助だけではありません。後で取り上げるように企業の役割が大きいですが、加えて、途上国自身による資金拠出も、期待されています。

3　ミレニアム開発目標（MDGs）からSDGsへ

MDGsとSDGsは何が違うのか

環境や社会の課題に対して、国際社会がこれまで何もやってこなかったわけではありません。SDGsができる前にも、国連を中心としていろいろな活動がありました。持続可能な

図表4　持続可能な開発に関わる主な国際会議

1992年	地球サミット（国連環境開発会議）
2000年	国連ミレニアム・サミット
2002年	ヨハネスブルク・サミット（持続可能な開発に関する世界首脳会議）
2012年	リオ＋20（国連持続可能な開発会議）

［出所］筆者作成

開発に関わりの深い主な国際会議を振り返っておくと図表4のように、1992年以降の10年ごとと、21世紀の節目となる2000年に行われています。

1992年の地球サミット（ブラジル・リオデジャネイロで開催）では、「アジェンダ21」という文書が採択されました。「アジェンダ」と言えば、SDGsが含まれるのは「2030アジェンダ」です。「アジェンダ21」は、環境分野での国際的な取り組み推進のための行動計画と説明されていました。アジェンダというのがかなり大きな取り組みの塊を指す言葉だということがここでも分かります。

そして2000年、21世紀が始まる直前の国連ミレニアム・サミット（米国・ニューヨークで開催）では、「ミレニアム開発目標（Millennium Development Goals: MDGs）」が採択されました。ミレニアム開発目標は、貧困や飢餓の撲滅、初等教育の普及などに限って、2015年までに達成すべき8つの目標から成っ

図表5　SDGsの特徴

基本理念	「誰一人取り残さない」
目標設定	ボトムアップアプローチ （各国政府、国際機関、学術機関、市民社会、民間企業からの意見集約）
目標設定に向けたアプローチ方法	**17の目標** **途上国／先進国を問わない課題設定** （既存課題に加え、気候変動、産業革新など先進国側のテーマも追加） バックキャスティングなアプローチ
資金需要と期待される資金源	**年間約5兆～7兆ドル** 先進国／国際機関の資金援助 開発途上国自身による資金拠出、 **民間資金**

［出所］国連及び国連グローバル・コンパクトの資料を参照し日本総合研究所作成

ていました。

MDGsには達成できた目標もありましたが、貧困や飢餓で一部積み残しがありました。それらに継続的に取り組み、さらに、より広範な規模の課題（気候変動や格差拡大など）に取り組もうというのがSDGsです。

MDGsと比較した、SDGsの特徴は以下の点です。

- SDGsは、先進国にも途上国にも共通の目標
- SDGsは、望ましい未来像から遡ったバックキャスティング思考で策定
- SDGsは、内容からも資金源からも、企業の参加なしには達成しえない

MDGsへの貢献を積極的に情報発信していたのは、国内の企業では、貿易が生業である総合商社や、ごく一部のグローバル企業でした。日本政府でさえ、外務省には情報がありましたが、各省庁がMDGsに〝対応する〟といったことは起こりませんでした。

それが、SDGsとなると大変な広がりになっています。このことは日本に限ったことではなく、多種多様な国際会議でも相当なボリュームで取り上げられており、特に2018〜19年にかけてはブームと呼んでよいレベルとなりました。女性誌でSDGsが特集として組まれるほどになったのです[15]。

キーワードはサステナビリティ

SDGsのSD、Sustainable Development（持続可能な開発）とは、急に今になって言われ始めた考え方ではありません。最初にこの言葉を使ったのは、1987年のブルントラント委員会が発表した報告書“Our Common Future”（我々共通の未来）[16]です。2015年にSDGsができた時点で、当時から28年が経っていました。

持続可能な開発とは、パッとは分かりにくい考え方ではないでしょうか。その最初の定義によると、「将来の世代の欲求を満たしつつ、現在の世代の欲求も満足させるような開発」

を指します[17]。

ざっくりと言うと「開発」とは、経済的に発展すること、すなわち、モノやサービスを中心とした暮らしが豊かになることです。電気や水道が通っていないよりも通っている方が、馬に乗るよりも電車やクルマで走る方が、病気になったら家で寝ているだけよりも病院や薬で治せる方が、開発されているということになります。普通、開発されていないより開発されている方がよいと考えます。ただし、どんな開発でもいいわけではない、「持続可能」でないとダメですよと言っているわけです。だから、カギになる考え方は持続可能性（サステナビリティ）です。

持続可能性の定義で2回出てくる言葉、「欲求」とはニーズとも言い換えられます。よく、声の大きい人の意見ほど通りやすい（通ってしまう）と言いますが、何かを決めるときに「これをしたい、あれをしたい」というニーズを明確にできるほど、「じゃあそうしてみようか」という賛同者を得やすくなるのはよくあることです。

現時点での大人世代と、子ども以下の世代を比較してみると、大人の方が明らかに意見を通しやすい社会になっています。例えば選挙で投票できる年齢が日本で20歳から18歳に引き下げられましたが、それでも18歳未満の世代は直接、投票で行動することはできません。こうなると、どうしても現在の世代のニーズ中心になんでも決まっていくことになります。「持続可能な」開発の場合は、現在の世代に対し、声の小さい将来の世代が欲しかったと思うこともよく検討して、「後のことも考えてお金・知恵・技術を使いましょう」と呼びかけていると言えます。

持続可能なパーム油とは何か

例を考えてみましょう。パーム油という油があります。パーム油は、アブラヤシという熱帯で育つ植物の実から取れる油です。ヤシの実というと、ココナッツがお菓子などで身近ですが、アブラヤシは違う種類のヤシで、たくさんの油が取れることや加工しやすいという特徴があるため、非常に多くの食品や生活用品に使われています。使い道はマーガリン、パンやチョコレートなどの加工食品、洗剤、ろうそく、インク、化粧品などです。

便利で、しかもアブラヤシは育ちが早くよく油が取れるので、生産する企業側もなるべく効率よく、大量に生産しようとします。アブラヤシの実は収穫してから24時間以内に加工しなければならないため、アブラヤシの育つすぐそばに加工工場を作らなくてはなりません。

ここでよく問題になるのは、熱帯の森林をアブラヤシの農園（プランテーションと呼ばれる大規模な単一栽培の農園）に転用することから、絶滅の恐れのある生き物（オランウータンなど）の生息地を破壊してしまうことです。また、伝統的に森林周辺で生活していた人々の生活を奪う可能性や、農園や工場での労働環境が劣悪になりがちなことについてもしばしば批判されます。

つまり、現在の主に産業界の利益や産地から見て外国にいる消費者の利便性が重視されすぎ、産地の人や動植物の利益が損なわれたり、将来の人間から見て「昔の人が勝手に森林を破壊しすぎた」という「後に生まれて損をした」状態が引き起こされたりする可能性が懸念されています。

世代間の公平を考える

もう一例、町に1つだけある公園を想像してみましょう。最初にその公園ができたとき、近くに住んでいた子どもたちは大きくなって、やがてそこで遊ばなくなります。そして世代が変わるうちに、町にはだんだん子どもが少なくなっていき、逆に高齢者が増えていきます。ある時、公園をつぶし、跡地に高齢者用の集合住宅を作ろうという案が持ち上がったとします。

さて、ここで、町では人数の少ない子どもたちや、今は公園で遊ぶことはないが、いずれ公園のある町に戻ってきて子育てをしたいと思っている人たちのために公園を残すべきでしょうか。あるいは、公園を所有している市役所は財政難なので、公園の土地を不動産開発事業者に売却するべきでしょうか。正解が1つだけあるとは限りません。

ここで「持続可能な開発」の定義に照らし合わせてみると、「将来世代」はまずはこの公園周辺の子どもや、やがて生まれてくるであろう世代のことを指します。「現在の世代」とは、高齢者や、土地の売買に関与する市役所や不動産開発事業者などを指します。

高齢者や、経済的利益の必要な立場の関係者のニーズを満たしつつ、公園をつぶさなくて済む方法がないかを、利害関係者（ステークホルダーとも言います）が熟考して得られた方法こそが、この町の公園に関する「持続可能な開発」であると考えられます。

ここではおそらく、高齢者がより快適に生活するための手段として集合住宅以外の方法はないのか（例えば在宅での介護サービスを充実させる）、市の財政を改善するための方法が他にはないのか（長期戦にはなりますが、公園を魅力として町に子育て世代が戻ってくれば、社会保障費とのバランスはよくなる）が実現のためのポイントになると思われます。

立場を変えて問題を見てみる

以上のような例を見ていくと、持続可能な開発を実現しようとすると、1つの立場からだけ物事を見ていてはダメだということが分かります。逆に、短期的―長期的という時間軸を変えてみることや、消費者―生産者、経営者―従業員などのように関係性を変えてみることでも、持続可能な開発に近づくことができるでしょう。その時、必ず考えに入れなくてはいけないのが「環境」です。大気、水、土壌、森林、生き物は、声を上げるわけではないがゆえにより注意して影響を考えなくてはなりません。

ところで「ブルントラント」という委員会の名前と持続可能な開発と何の関係があるかというと、人名なのです。1984年に国連に設置された「環境と開発に関する世界委員会」の委員長がノルウェーのブルントラントさんという人でした。ブルントラントさんはのちにノルウェーの首相になる女性の、医師かつ政治家です。

SDGsで目標5が「ジェンダー平等を実現しよう」となっているように、ジェンダー（社会的な男女の性の区別）の平等は、いまだに解消されていない人間社会の課題の一つです。持続可能な開発という言葉の由来に、女性が関わっているというのは覚えておきたいことです。

なお、ブルントラントさんは1939年生まれ、世界保健機関（WHO）の事務局長なども歴任し、国連創設70年の記念式典でのスピーチも目を通す価値のある内容です[18]。

4 SDGs達成を誰が進めていくか

SDGsを「自分ごと」として捉える

SDGs達成に向けて、企業の役割が大きいとしても、誰が責任を持つのか？ ということ、それは個々の企業に問われるわけではありません。社会の代表として責任を持って進めるべきなのは国連と政府ということになります。実際、SDGsの中には、政府部門が行動しない限り到底達成しえないものも多く含まれています。

しかし、「国連がやるものだ」と思ってしまってはいけません。企業が社会や環境に与える影響が大きいからこそ、企業を巻き込んだ目標になったのがSDGsです。もし、2030年になっても一向にSDGs達成に近づいていないことがあれば、厳しい規制を導入するなどして、問題解決を強制力をもってやらないといけない、ということになるかもしれません。規制や、それに伴う法令順守コストの増加は、企業にとって喜ばしいことではないでしょう。

そこで大切なのが、「SDGsを国連のやっていることと捉えず、自分ごと（自社ごと）にする」ということです。この、進め方については第2章から第4章で詳しく取り上げていきます。自分ごと（自社ごと）にする進め方に入る前に、日本の企業や政府のこれまでの動きを見ておきます。

まず、日本経済団体連合会（経団連）は、2017年11月、企業行動憲章を改定しました。企業行動憲章は、「民主導による豊かで活力ある社会を実現するためには、企業が高い倫理観と責任感を持って行動することが必要[19]」という考えのもとで1991年に最初に制定されました。会員企業にとっては、一定の指針となる存在です。5回目となった2017年の改定では、「Society 5.0[20]の実現を通じたSDGs（持続可能な開発目標）の達成」という表現を添え、民間セクターとしてのイノベーション創出を促しています。

具体的にSDGsが意識された改定は図表6の通りで、人権尊重や働き方改革、サプライチェーンを通じた行動の展開といった内容が含まれています。これらは、SDGsの登場有無にかかわらず、グローバルに事業を行う日本企業に対して近年社会からの要請が高まっていた側面と重なります[21]。

図表6　経団連による企業行動憲章改定

企業行動憲章（抜粋）

（持続可能な経済成長と社会的課題の解決）

1. **イノベーションを通じて社会に有用で安全な商品・サービスを開発、提供し、持続可能な経済成長と社会的課題の解決を図る。**

（人権の尊重）

4. **すべての人々の人権を尊重する経営を行う。**

（働き方の改革、職場環境の充実）

6. **従業員の能力を高め、多様性、人格、個性を尊重する働き方を実現する。また、健康と安全に配慮した働きやすい職場環境を整備する。**

（危機管理の徹底）

9. **市民生活や企業活動に脅威を与える反社会的勢力の行動やテロ、サイバー攻撃、自然災害等に備え、組織的な危機管理を徹底する。**

（経営トップの役割と本憲章の徹底）

10. 経営トップは、本憲章の精神の実現が自らの役割であることを認識して経営にあたり、実効あるガバナンスを構築して社内、グループ企業に周知徹底を図る。**あわせてサプライチェーンにも本憲章の精神に基づく行動を促す。**また、本憲章の精神に反し社会からの信頼を失うような事態が発生した時には、経営トップが率先して問題解決、原因究明、再発防止等に努め、その責任を果たす。

［出所］経団連発表資料を参照し日本総合研究所作成

「ジャパンSDGsアワード」で進む企業の取り組み

企業だけではなく、自治体や様々な団体におけるSDGsの取り組みを推進するために、外務省の「ジャパンSDGsアクションプラットフォーム」では、「ジャパンSDGsアワード」という賞を設けました。第1回（2017年）、第2回（2018年）の受賞団体は図表7の通りです[22]。

どちらかというと、初期の受賞団体ほど、SDGsの登場以前からサステナビリティに対して特徴的な取り組みを展開していて、それをSDGsとともにうまく後押ししている団体が多いように思われますが、徐々に、SDGsの採択をきっかけにした新たな取り組みが目立つようになるでしょう。

なお日本政府における司令塔は、首相官邸の「SDGs推進本部」です。日本政府は、SDGsに基づく8つの優先課題を抽出しており、図表8の通りです[23]。SDGsというとどうしても途上国色が強いと感じてしまう場合には、これらの8つが記載されている「持続可能な開発目標（SDGs）実施指針」が参考になります。

政府では、年度単位の「SDGsアクションプラン」[24]を定めています。アクションプランではさらに絞り込まれた「中核となる3本柱」が定められています（図表9）。詳しいアク

図表 7　ジャパン SDGs アワード受賞団体

	2017	2018
SDGs推進本部長（総理大臣）賞	北海道下川町	株式会社日本フードエコロジーセンター
SDGs推進副本部長（内閣官房長官）賞	●特定非営利活動法人しんせい ●パルシステム生活協同組合連合会 ●金沢工業大学	●日本生活協同組合連合会 ●鹿児島県大崎町 ●一般社団法人ラ・バルカグループ
SDGs推進副本部長（外務大臣）賞	●サラヤ株式会社 ●住友化学株式会社	●株式会社LIXIL ●特定非営利活動法人エイズ孤児支援NPO・PLAS ●会宝産業株式会社
SDGsパートナーシップ賞（特別賞）	●吉本興業株式会社 ●株式会社伊藤園 ●江東区立八名川小学校 ●国立大学法人岡山大学 ●公益財団法人ジョイセフ ●福岡県北九州市	●株式会社虎屋本舗 ●株式会社大川印刷 ●SUNSHOW GROUP ●株式会社滋賀銀行 ●山陽女子中学校・高等学校地歴部 ●株式会社ヤクルト本社 ●産婦人科舘出張佐藤病院 ●株式会社フジテレビジョン

［出所］外務省「ジャパン SDGs アクションプラットフォーム」ウェブサイトより筆者作成

図表8　日本政府の「SDGs実施指針」における8つの優先課題

People 人間	1　あらゆる人々の活躍の推進 2　健康・長寿の達成
Prosperity 繁栄	3　成長市場の創出、地域活性化、科学技術イノベーション 4　持続可能で強靭な国土と質の高いインフラの整備
Planet 地球	5　省・再生可能エネルギー、気候変動対策、循環型社会 6　生物多様性、森林、海洋等の環境の保全
Peace 平和	7　平和と安全・安心社会の実現
Partnership パートナーシップ	8　SDGs実施推進の体制と手段

［出所］首相官邸「持続可能な開発目標（SDGs）実施指針」より筆者作成

図表9　日本政府の「SDGsアクションプラン」3本柱

SDGsと連動する「Society 5.0」の推進	SDGsを原動力とした地方創生、強靭かつ環境に優しい魅力的なまちづくり	SDGsの担い手として次世代・女性のエンパワーメント

［出所］SDGs推進本部「SDGsアクションプラン2019」より筆者作成

ションプランでは、ゴールごとに関連しうる政策が一覧化されており、おおよそ網羅的に国内の関連施策や予算がまとめられています。網羅的な内容であるため、一見すると「なんだ、何でもSDGsか」という印象を受けてしまうかもしれませんが、そもそも政府が公共の利益のために必要な事業を行っていることを鑑みれば、当たり前のこととも言えそうです。

第2章

SDGsとビジネスはどう結び付いているのか

1 企業とSDGsの関係

経営者が感じるSDGsの3つの魅力

SDGsがそもそもの生い立ちからして、産業界と深く関わっていることを把握しました。

そして、このところ、経営者がSDGsに関心を高めています。なぜ、経営者がSDGsという言葉に立ち止まり、「わが社とはどういう関係があるのか?」「わが社ではどんなふうに貢献できるのか?」「何か、新しいことをSDGsで考えろ」「これからの経営計画には、SDGsを織り込もう」と言うのでしょうか。

SDGsの意図通り、企業を巻き込めて「めでたしめでたし」だったわけですが、本章では、SDGsとビジネス現場がどのように結び付いているのか、整理してみます。

SDGsについて、トップにいきなり質問されて困ったのだけれどどうしよう? という経験のある方もいるでしょう。経営者は、単に使命感や責任感に駆られてそうしているわけではありません。もちろん中には、倫理的に心を動かされる経営者がいてもおかしくはありませんが、事業や会社経営との関係を敏感に嗅ぎ付けたり、さらに、政府やメディアでの登場を目にして「うちも」というのがきっかけで興味を持ったりしたというのが大多数だと思われます。

経営者がＳＤＧｓを気にする理由は、ＳＤＧｓが、①新事業開発や既存事業の拡大につながりそうだ、②新たな人材獲得のための武器になりそうだ、③コミュニケーションツールとして有効だ、という3つの魅力を感じるからです。

まず、①新事業開発や既存事業の拡大につながりそうだ、については、利益を増やす原動力としての期待であり、一番の魅力だと言えます。

そして、ＳＤＧｓに貢献するような事業で利益を生み出す企業になれれば、環境や社会的課題への関心が高い人、仕事を通じた社会への貢献意欲の強い人、長期的な豊かさを望む人、国際的に通用する仕事をしたい人などからの関心を得られるかもしれません。そうしたことが、②新たな人材獲得の武器としての魅力につながります。

さらに、ＳＤＧｓは２０３０年を目標年とした国際的に共通の目標ですから、世界中どこに行っても通用する言語だとも言えます。日本の企業は長らく、社会的責任について語る際に「日本には三方よし、という言葉があって……」という説明をしてきたのではないかと思います。「三方よし」はもちろん魅力的な表現ですが、それよりも簡単に、サステナビリティに関する意識を伝えることができるでしょう。製品の説明をするにしても、経営戦略の説明をするにしても、独自の言葉で豊かに語ることに加え、共通言語があると相互理解が楽になります。こうしたことから、③コミュニケーションツールとして有効、という便利さを感じられるのです。

また、実は見逃せないのが、反応するデメリット（逆効果）があまり見当たらない、ということです。なんと言ってもＳＤＧｓは全世界共通の人類の豊かさのための目標ですから、これに興味があると言って批判されることは少ないでしょう。

さらに、目標年の２０３０年まであとしばらくありますから、あせって今日・明日のビジネスを変えるほどの緊迫感はなく、余裕を持って考えることもまだ、ぎりぎり許されています（もちろん、より長いスパンで考える研究開発やインフラビジネスもあり、残り時間を長いと見るか短いと見るかは事業内容にもよります）。

ではこれらの3つの魅力についてもう少し詳しく見ていきます。

新規事業開発・事業拡大のヒントとして

企業（株式会社）は、株主から集めた資金で事業を行って、そこで得られた利益を株主に還元していくこと（配当）を前提とした主体です。一度起こした事業が成功し、よい配当を出し続けることができれば、言うことはないでしょう。しかし、常に変化を続ける社会環境の中で、同じ事業に安住していて成功し続けられるかと言えばなかなかそうはいきません。

例えば、かつて、規制に守られた業種で、安定した仕事の筆頭にイメージされていたエネルギー関係の企業（電力、ガス、石油など）は、市場の規制緩和（電力自由化）や、気候変動に伴う規制強化（地球温暖化税など）や市場変化（石炭の衰退など）によって、いまや新規事業を常に求めている業種と言ってもよいくらいです。また、医薬品では、新薬を開発して販売し利益を上げているあいだに、次々と開発の種まきをしておかなければ、特許が途切れたりより優れた薬が出てきたりしたらすぐに先細ってしまいます。

しかも、日本で、企業部門全体を見れば、企業は実は現金を余している状態にあります[1]。現金が余分にあるというと、個人では懐に余裕があって嬉しい話ですが、株式会社の場合、株主から集めた資金をそのまま利息もつかない現預金として持っていることはよいことばかりではありません。

むしろ、新たな事業を見つけられていない縮小企業・衰退企業と見られてしまい、余った現金をより高い配当によって多く吐き出すように、株主からプレッシャーをかけられることもあります。高配当も悪くはありませんが、それも一時的なものであれば企業の存続という点で弱くなってしまいます。本来、獲得した利益のうち一定程度を株主への配当に回し、一定程度を事業のための投資に回し続けるのが株式会社なのです。

こうしたことから、新たな事業の開発や、既存事業をどう横展開させるかということは、企業経営者にとって常に重要な課題となっています。この時、SDGsがヒントになる可能性が大いにあります。

新たな事業の種を探したい経営者にとって、「企業の力を必要としている」SDGsは、宝の山と言えます。それは、SDGsがなぜ必要か、の裏返しでもあります。世界を現状のまま放置しておくとひどいことになる、とすれば、それを回避してより豊かな世界にすることに貢献できる事業であれば、世界に大いに歓迎されます。

つまり、お客さんがつくだろうということです。世界の企業経営者が集まって調査した結果（ビジネス＆持続可能開発委員会「より良きビジネス、より良き世界」）によると、SDGsに関連したビジネスの分野で、年間12兆ドルの価値を生み、最大3億8000万人

図表10　ビジネス機会の例

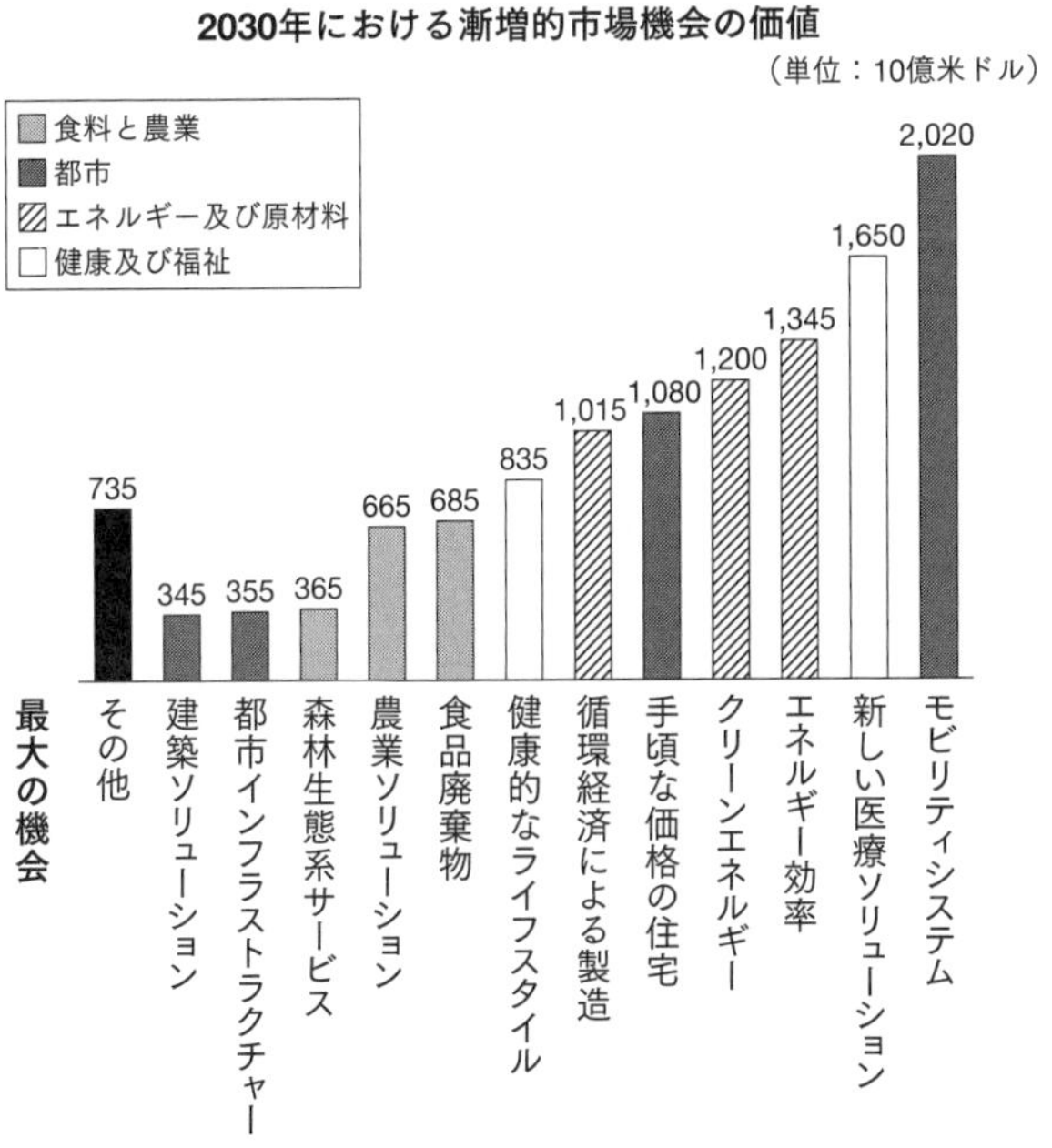

【特に市場が生み出されるであろう主な「ホットスポット」】

エネルギー及び原材料

循環モデル（自動車、電化製品、電子工学）／再生可能エネルギーの拡大

都市

手頃な価格の住宅／建物のエネルギー効率

食料と農業

森林生態系サービス／低所得層向けの食料市場

健康及び福祉

遠隔患者モニタリング／最先端ゲノムミクス

［出所］ビジネス＆持続可能開発委員会［2017］「より良きビジネス、より良き世界」

もの新たな雇用を創出する見込みとなっています[2]。

まったく新たな事業の種とまではいかずとも、既存事業を改善することでも、SDGs達成に貢献することができます。むしろ、これまでにも、エネルギー、医療・健康、食料、交通、リサイクルなど、様々な分野の製品・サービスによって、何らかのかたちで環境保全や福祉の向上に貢献してきたような企業ほど、SDGsをヒントに改善を図りたいと感じているかもしれません。

自社で、「環境配慮型商品」として、定義をつくってラベリングしている企業もあるでしょう。「社会貢献型商品」として、持続可能性に関する認証付きの原材料を使った商品や、売上げの一部を非営利団体に寄付するという仕組みを持つ企業もあります。

こうした商品を持っている企業であれば、それをどう成長させるか、という問いに対するヒントになります。自社の環境配慮型商品で、すでに売れ筋となっており、マーケティングも成功して万々歳、というケースでは追加的なヒントは少ないかもしれませんが、SDGsから発せられている企業への期待を丹念に理解することで、過去の成功にはとらわれない新たな成長のための視点が得られるかもしれません。

こうしたヒントの見つけ方については、第3章・第4章で詳しく説明します。

SDGsウォッシュには常に注意

SDGs達成に貢献できる製品・サービスや、新たに生み出すビジネスアイデアほど、マイナスイメージがつかないようにすることが大事になってきます。

いいことをしていると宣伝しているのに、実は隠れて批判されるような事情を抱えていることを、「○○ウォッシュ」と呼びます。「グリーンウォッシュ」では、「環境にやさしい」と銘打っておきながら実は効果がない、であるとか、そもそも法律で使用禁止されている物質Aなのに、「Aを使っていません」ということをあたかも自分だけそうであるように宣伝文句に使うといったケースを批判して使います。

環境だけではなく、最近はSDGsに貢献すると言いながら、確かに1つのゴールには貢献するかもしれないけれど他のゴールのことを全然考えていない、というようなケースを指して、「SDGsウォッシュ」という言葉も出てきました。SDGsを始めたのは国連で、国連のシンボルカラーが青色であることから、「ブルーウォッシュ」と言う人もいます。

例えば、風力発電事業は、再生可能エネルギーを増やすというSDGsのターゲット7・2（目標7）に合致します。

しかし、日本でも時々ありますが、風車を建てる地域の住民らとの調整で企業側が批判されたり、その地域の動植物への悪影響が懸念されたりします（風車に鳥がぶつかるバードストライクなど）。

また、風車の羽根を製造している企業は大企業が多いのですが、その下請けの部品工場での労働問題（長時間労働や安全対策不備）が、サプライチェーンを通じて「大企業にも責任がある」と批判されたこともあります。かつて、靴や衣料品の製造工場で児童労働が行われていたことを理由に消費者からのボイコットが起こったこともありましたが、根っこは同じ話です。

もう1つ例を考えてみましょう。途上国における衛生環境を改善させるために、石鹸や洗剤を普及させるとしましょう。SDGsのターゲット3・9（目標3）に貢献できます。

しかし、低所得層にも買いやすいように商品単位を小さく、小分けにして売り出したとき、確かに「買いやすい」と初めはブームを呼んだのですが、小分けにしているとどうしても容器包装が多くなります。

よく売れた結果、その容器包装から出る廃棄物処理が問題になったことがありました。その国では、廃棄物処理の仕組みが整っていなかったため、ごみとして単に山積みにされてしまったのです。プラスチック製の容器包装だけに、土に還ることもなく、最初は歓迎されたビジネスもほろ苦い結末になってしまいました。

「いいことをしているはずなのに、陰ではひどいことをしていた」「いいことをしていることに集中しすぎて、負の影響について考えていなかった」というのは、最初から何もいいことをしていないよりも、企業イメージを傷つける可能性があり、注意が必要です。

「やること」リストも「やらないこと」リストも作れる

こういう事態を避けるためには、第1章で触れたように、SDGsのゴールを「全体」として見ることが大切です。「1つではなくて、17ある」ため、「どんなビジネスをしよう」という選ぶ際のヒントにもなりますが、「こういうビジネスはまずそうだ」という「落とす」際のヒントにもなるわけです。

具体的には、SDGsのゴールやターゲットに書かれていることをもとに、「これを目指しているということは、逆に言うと、こういうことがまずいと思われているのだな」という思考回路で「つぶしておくべきこと」を見つけることができます。SDGsから新規事業開発のヒントにするというのが「やること」リストだとすれば、こちらは「やらないこと」リスト作りになります。これをやっていくと、企業としての事業リスクを減らすことにもつながり、収益に貢献するでしょう。

先ほどの例で言えば、風力発電所の場合、「地元にとっての悪影響を最小限にする」行動が求められます。「何かやろうとすると、必ず反対する人っているからなあ」と思うかもしれませんが、初めから割り切りすぎるのは危険です。まずは、耳を傾ける機会や態勢を作ることです。

地元にとっての悪影響を考える際、「森林伐採を必要以上にしていないか」「地元の住民の健康被害がないか（騒音等）」「バードストライクの懸念は小さいか」「建設予定地に、希少な動植物はいないか」などが検討ポイントになります。これらはＳＤＧｓがあろうとなかろうと、風力発電事業を環境・社会リスクの観点から見ていくと出てくるポイントですが、ＳＤＧｓは、こうした「やらないこと」リストを検討する際に視点を広げるヒントになります。

ＳＤＧｓのターゲットから見ていくと、「ＳＤＧｓウォッシュ」予防に役立つものには、例えば次が挙げられます。労働や人権に関するものと、環境汚染に関するもの、平和や公正な経済活動に関するものが並びます。

図表11　SDGsウォッシュ予防の視点

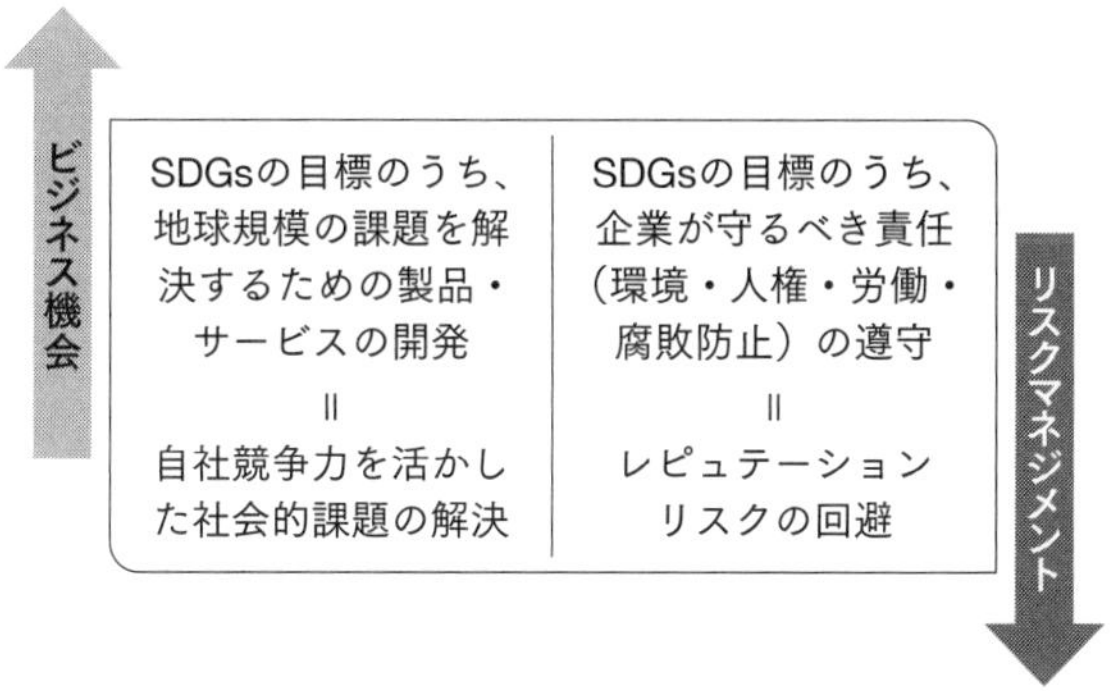
ビジネス機会
SDGsの目標のうち、地球規模の課題を解決するための製品・サービスの開発
＝
自社競争力を活かした社会的課題の解決
SDGsの目標のうち、企業が守るべき責任（環境・人権・労働・腐敗防止）の遵守
＝
レピュテーションリスクの回避
リスクマネジメント

［出所］日本総合研究所作成

- 8・5↓同一労働同一賃金の達成
- 8・7↓違法な残業や名ばかり管理職などの劣悪な労働環境の撲滅、児童労働の禁止など
- 8・8↓外国人労働者への配慮
- 10・3↓差別の撲滅、機会均等の確保
- 12・4↓化学物質や廃棄物対策、土壌汚染対策
- 14・1↓海洋汚染の防止
- 15・5↓絶滅危惧種の保護
- 15・8↓外来種の侵入防止
- 16・4↓違法な武器取引への加担の排除
- 16・5↓汚職や贈賄の撲滅
- 17・1↓課税逃れの排除

などが一般的な「やらないこと」リストの候補です。

2 若い人はなぜSDGsに関心があるのか

人材獲得につながるSDGs

SDGsに魅力を感じる経営者は、「SDGsに取り組むことで人材獲得につながりそうだ」という感覚も持っています。

SDGsの認知度に関する様々なアンケート結果からは、最近の傾向としては、社会人や男性、20~30代の認知度が高まっているようです。[3]一般的には、「ミレニアル世代」や「Z世代」と呼ばれる、2019年時点で38歳以下の世代で、もともと環境や社会問題への知識が豊富で関心が高いと言われています。

地球温暖化について言えば、京都議定書が採択された1997年生まれがすでに20代なわけで、地球温暖化が少なくともまずいということを折に触れて耳にして育っているはずであり、必然的にそうなると考えられます。

学校での学習機会としても、例えば小学校で「総合的な学習の時間」が導入され、国際・平和・環境などのテーマで学習するようになったのは2002年のことです。[4]さらに、

2015年にSDGsが採択されてからは、高校の副読本に登場したり、理科や社会、国際問題への教育に熱心な学校で学際的な授業に取り入れられたりしており、これから企業が採用しようとする若手世代は、SDGsのことを学校で学んだ知識として聞いたことがある可能性が高まります。

知識だけではありません。若い世代では転職は珍しいことではなく、むしろ「自分はいずれ転職するだろう」という想定で社会人になるとさえ言われています。それでも、自分の選んだ職場が「何年先を見て仕事をしているか」について、リタイア手前世代に比べて自分ごととして関心を持つことができます。20代前半の世代にとっては、SDGsの目標年である2030年は、30代の働き盛り。2030年に目標を置くことは決して長期目標ではなく、すぐ先にある自分の未来と重なるのです。

時間感覚の違いという点では、気候変動について、感覚差が先鋭化しています。2018年8月、スウェーデンで15歳（当時）の少女が、同国の国会の前で3週間も座り込みをしたことに注目が集まりました。彼女は、「大人が効果的な地球温暖化対策を取らない」ことに抗議して、学校をボイコットすることを始めたのです。

この運動は世界中に広まり、2019年3月15日には、100カ国以上に広まったそうです。「学校を休むなんて何事か」と怒る大人もいる中で、彼女たちは、「将来のために勉強しなさいと言われても、このまま気候変動が進めばまともな未来はない」と反論しました。

気温上昇によって海面上昇が懸念されるカリブ海の島国の子は、「1・5℃で生き残りたい」というプラカードを作って学校を休んでいました。そんな子どもの主張に賛同し、むしろ支援する親の輪も広がっているように見えます。

「未来への共感」でミレニアル世代とZ世代に寄り添う

若い世代から見ると、SDGsに示されているような持続可能性に関する課題に対し、現在の大人によるリーダー層が、目先の利益だけで行動していないかどうか、という批判的な目線を持たざるを得ません。2019年時点での15歳は、2030年には26歳、2050年には46歳、2100年でも96歳です。21世紀をまるごと生きていく世代にとって、SDGs達成は生存要件のようなものだからです。

ここ最近、日本の産業界で後を絶たない企業不祥事の類型は、顧客への情報の不当表示に関するものです。企業が製品の品質をごまかして提供したり、品質に問題はなかったとしてもその検査結果を都合よく書き換えたりするなど、顧客に対し不誠実な事案が絶えません。

その原因としてしばしば指摘されるのは、短期的な利益偏重の評価システムや、コスト削減のために人員を削られすぎた品質管理現場の疲弊などの存在です。そして、末端の現場でのルール違反を見て見ぬふりをするリーダー層という組織的な隠蔽に発展すると、そのような組織は自己修正するのは困難だと言わざるを得ません。

こうした企業の経営者の意思決定の背後にあった「今さえよければいい」という姿勢と、気候変動よりも、目先の収益確保に走る企業やそこからの短期的な税収や得票しか見ていない官僚や政治家の姿勢は、重なって見えます。

SDGs達成への貢献が人材獲得に好影響を及ぼしうる、と言うと、ともすると流行に乗ったカッコよさで「人寄せ」をさせようとしているだけではないか、という批判があるかもしれません。「人寄せ」程度のSDGsロゴ貼り作業であれば、人材獲得面での効果は期待できないと考えられます。

SDGs達成への貢献という表現を通じて若い世代が見ているのは、きれいに作成された報告書に貼られたロゴの有無や数ではなく、「自分たちの未来への共感があるかどうか」の姿勢なのであって、その姿勢を示せる企業だけが、人材獲得と、加えて人材定着への好影響を享受できるでしょう。

コミュニケーションツールとしてのSDGs

コミュニケーションツールとしてのSDGsの魅力は、企業が社外のステークホルダーと持続可能性について話さなければならないときに発揮されます。なぜなら、SDGsは国際共通目標として、よく広がっているからです。

「これまでであれば、なぜ、環境配慮型の商品を開発するのか、サステナビリティに取り組むのかといったことについて、わが社の創業の理念から、現在、事業を通じて獲得したい価値のようなことを都度、説明していた。それが、SDGsの登場によって、初めに〝何の話をしているか〟を伝えやすくなった」という話を聞いたことがあります。「あ、あのことね」と思ってもらいやすいので、冒頭の理屈の整理を省略でき、具体的な商品説明に資源を割けるというわけです。

SDGs登場以前から意欲的に環境・社会課題に取り組んできた企業にとっては、最初は「わが社はもっと前からやっていた」「また新しい横文字か」と、SDGsに少し距離を置いたケースもあったかもしれません。

しかし、実際にこの言葉をコミュニケーションに使ってみると、「国連で採択された国際共通目標」には「御旗」効果、水戸黄門の「この紋所が目に入らぬか！」的な役割を演じる力があったと言えるでしょう。

コミュニケーションの相手は社外には限りません。社内でも、「ＣＳＲ（企業の社会的責任）」を事業によって果たそう、という掛け声をいくらかけてもなかなか「ムーブメント」のようにはならなかったのに、ＳＤＧｓをきっかけに関係者が広がったという効果もよく耳にします。

ちなみに、ＳＤＧｓのロゴを作ったのは、米国・ニューヨークに本拠地を置くトロールバック[5]という、デザインやブランディングを手掛ける会社です。ＳＤＧｓ以前の持続可能性に関する国連の取り組みで、いつもＳＤＧｓのようなカラフルなロゴやマークがあったわけではありません。国際会議単位などでの、ちょっとしたロゴがある程度というのが一般的でした。

そういう意味では、国連としても、ＳＤＧｓは民間を徹底的に巻き込んで世界全体で取り組んでいく目標なのだから、価値を伝えやすいデザインを採用することにかなり熱心だったのだろうということが想像できます。

3 ESGとSDGsはなぜ一緒に語られるのか

ESGとSDGsの違い

さて、SDGsと同じように経営者が関心を持つキーワードとして、「ESG」もあります。ESGは、環境（Environmental）、社会（Social）、ガバナンス（Governance）のことを指しています。ESGの3つの側面に配慮したビジネスを行ったり、投資の意思決定を行ったりしよう、というふうに使います。

アルファベットのSとGがどちらにも出てくるのに、表しているものは違っていてややこしい上、SDGsとESGは一緒に語られることも多くあります。「SDGsについて知りたいんだけど……」という電話を受けて話を聞いていくと、実はESGの話だったり、その逆だったり、「違いはよく分からないが、とにかく社長にESGやSDGsのことを尋ねられたからなんとかしてほしい」と言われたこともあります。

SDGsのS、サステナビリティを重視しようとするときに、どういう思考回路でものを考えなくてはならないか？　その答えがESGです。サステナビリティは、第1章で取り上げたように、現在の世代と将来の世代がいずれも満足できるような行動を繰り返すことで達成されます。といっても将来の世代の声を直接聞くことはできないので、E・S・Gという切り口でもって、今やることを決めようということになります。

例えば、コットンのTシャツを作って販売するとしましょう。途中に染色の工程があり、そこは他社に委託しているとします。販売先の小売店から、「今度は鮮やかな青が欲しい」というニーズがあったので、委託先に、「染料を変えるなりして工夫してほしい」と依頼を出します。その際、ESGを特に考慮しなければ、青色の出方が十分かどうか、コストや納期が見合ったものかどうか、品質が維持できるかどうか、がチェックポイントになるでしょう。

もし、ESGの観点で青色を具体化させるとするならば、E（環境）の面では、青色の染料の原材料が環境に悪影響を及ぼすものではないか、委託先工場での洗浄工程や排水に悪影響がないか、乾きが遅いなどエネルギーを余計に使うものではないか、といったことが気になります。天然の原料を用いているとすれば、その天然資源の管理の状態や、生産の安定性（異常気象が起きても大丈夫か）にも関心が出ます。

次にS（社会）の面では、委託先の従業員の手荒れ等につながることはないか（もともと手袋をしていればよいですが念のため）、新しい染料に変えるスケジュールに余裕がなく過度な残業が特定の人に集中しないかなどが気になります。G（ガバナンス）の面では、EやSにつながることですが、きちんと情報管理がされていていつでも必要な情報がしかるべき意思決定者から出てくるか、といったことがポイントになります。

ESGの方がずいぶんと面倒くさいなと見えるかもしれませんが、結局は、「よりよい品物を作るため」のチェックポイントを充実させるためのものと位置付ければ、さほど違和感はないのではないでしょうか。SDGsは、ESGの取り組みの結果として得られる状態を方向性として確認するために使えます。

明文化や可視化することが価値になる

ESGの一つひとつのポイントの内容は、真新しいというよりもむしろ昔から当たり前にやっていたことかもしれませんが、きっちりと明文化したり可視化したりすることも、ESG的に見ると価値になります。事業プロセスの透明性や明確性を形作るものとも言い換えられるでしょう。

結果として、青色の染料を環境や社会の面からも吟味して製造されたTシャツは、そうでないものと比べて、1枚作るごとに環境や社会に与える影響をよくすることができます。これにより、水質改善（ターゲット6・3）に貢献できるのです。

さらに、染料の製造元の経営安定にも寄与すれば、包摂的かつ持続可能な産業化（ターゲット9・2）にも貢献できます。

この、ESGという物事を見るときの観点は、もともとは投資家や金融機関向けの期待として国連から発せられたものです。2006年、当時のコフィ・アナン事務総長の呼びかけで、世界の環境や社会的課題解決のために、民間のお金の力をもっと活用しようと作り出された言葉です。環境や社会的課題解決のために民間の力を総動員しようという発想は、ESGもSDGsも同じであると言えます。

お金の力を活用するというのは、具体的には、投資家や金融機関がESGの目でもって投融資を行うことで、環境や社会面でよりよい企業や事業を伸ばし、悪いものを減らす方に市場をシフトさせようということです。環境や社会に与える悪影響が大きい企業には、資金が集まらなくなるわけです。

この考え方を明文化したのが、「責任投資原則」というものです[6]。6つの原則の書き出しはすべて「私たちは～」となっており、例えば第1原則は、「私たちは投資分析と意思決定のプロセスにＥＳＧの課題を組み込みます」です。このように、ＥＳＧ誕生とともにあった責任投資原則が、投資家や金融機関を主語としてできているところにＥＳＧの大きな特徴があります。

ＥＳＧはプロセス、ＳＤＧｓはゴール

２００６年にＥＳＧができてから、９年後にできたＳＤＧｓ。ＥＳＧの側から見ると、ＳＤＧｓはまさにゴールと言う通り、ＥＳＧに配慮した行動を取っていくことの目的として、明記されたのがＳＤＧｓなのだ、というように捉えられるようになりました。

「何のためにＥＳＧを考えるの？」の答えとして、くどくど説明しなくても「ＳＤＧｓ達成に貢献するため」と言えるようになったのです。「責任投資原則」時点ではその点はやや抽象的な「目的」となっているのが、非常に具体的に示されたのがＳＤＧｓというわけです。

こうしたことから、ＥＳＧに配慮した投資を行う投資家（ＥＳＧ投資家と呼ばれていです）は、多くの場合で、ＳＤＧｓにも関心を持っています。もちろん投資家によって温度差はありますが、企業の成長に期待して投資するのが投資家なわけですから、ＳＤＧｓに関心を持つ企業経営者がいるのと同じようになるのです。

図表12　ESGとSDGsの位置付け

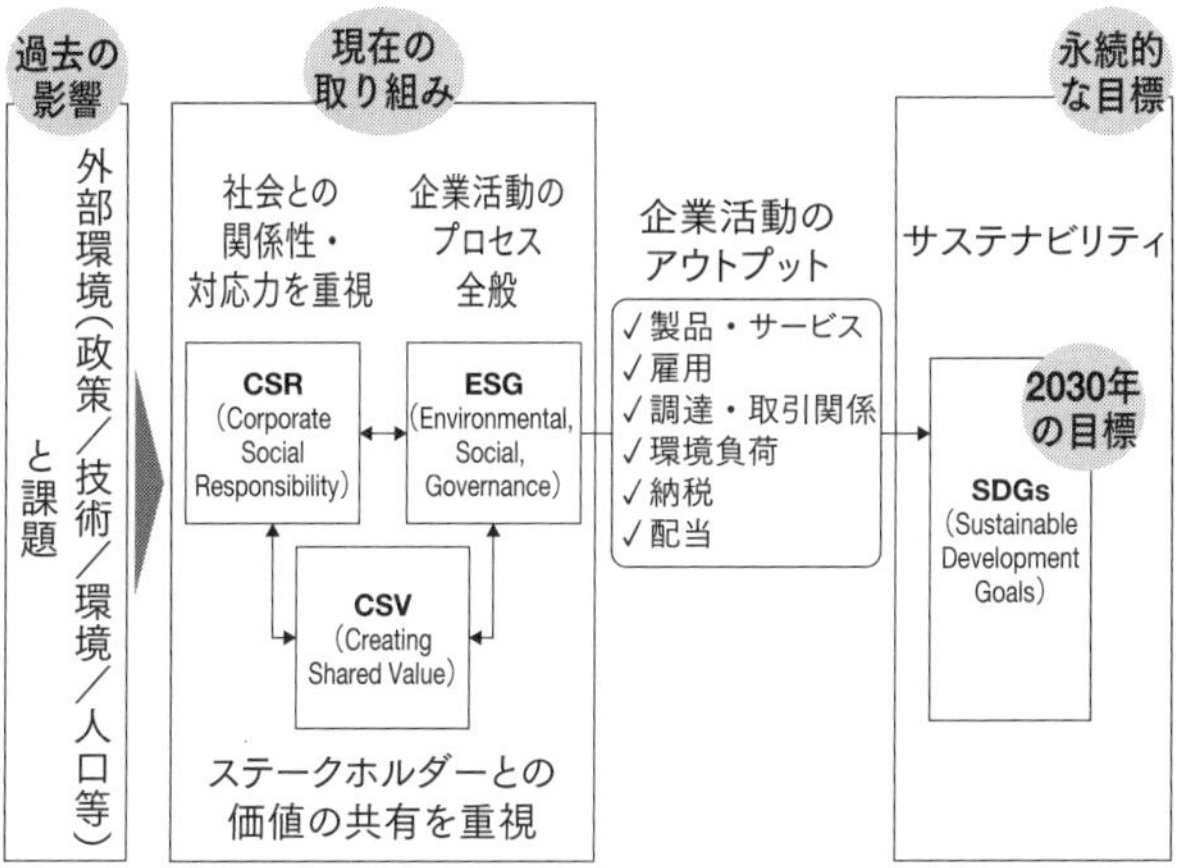

［出所］筆者作成

図表12では、現在の企業活動のプロセス全般を「環境、社会、ガバナンス」の観点から見直そうというESGと、企業活動のアウトプット（製品・サービス、雇用など）を通じてサステナビリティに通じている、SDGsがゴールにある、ということを示しています。

また、現在の企業の取り組みを見る目として、ESG以外にも、CSR（企業の社会的責任）やCSV（共創価値）といった概念があることも示しています。ESGは、先ほど述べたように投資家や金融機関を主語として出てきた言葉で、どちらかというと淡々とした印象を与えます。

それに対し、2003年から日本で本格

的に使われ始めたCSRには、Rのレスポンシビリティが「責任」と訳されるように、企業に「責任を果たせ」と求める社会の声、というニュアンスがあります。レスポンシビリティは「応答力」「対応力」とも訳せそうなので、「社会との関係性や対応力を重視」したいときには役に立つ表現です。

CSVは、米国・ハーバード大学のマイケル・ポーター教授らが2011年に提唱した概念です。企業が、自社の競争力を高めつつ、社会的課題解決への貢献を実現するような取り組みを後押ししています。単に社会貢献活動をするだけではなく、それがどのように自社にはね返ってくるのかについて、敏感になることを促すという性格もあります。

ESGも、CSRもCSVも、言葉こそ違えども、環境や人権など、重視するテーマは似通っています。そして、いずれも、現在の取り組みを何らかのかたちで良くすることで、サステナビリティ、SDGsに貢献しようとしていると言えます。

4 非上場企業にも広がるESG

イノベーションと持続可能性の関係

SDGs達成に貢献できることをESG投資家にアピールできるのは、上場企業に限られてしまうと思われがちです。しかし、最近では、未上場のベンチャー企業やインフラプロジェクトを投資対象とした、プライベートエクイティファンドやベンチャーキャピタルでも、環境・社会側面の評価や、SDGsへの貢献度をチェックし始めています。

例えば、フランスのSWEN Capital Partners[7]というファンドは、2つのESG投資家の子会社として、「責任あるプライベートアセットマネジャー」を目指し、40億ユーロを運用しています。同社は「責任ある投資方針」（Responsible Investment Policy）を有しており、プライベートエクイティ投資およびプライベートインフラ投資について、2012年から毎年非財務情報の統合を推進してきました。

また、イギリスのETF Partners[8]というファンドでは、「イノベーションを通じて持続可能性を」という言葉を掲げています。スマートエネルギー、スマートインダストリー、スマートシティ分野に投資している点は、特にESGと言わなくても成長分野として普通ではないか、と思われるかもしれませんが、このファンドの特徴は、投資のポートフォリオとして環境への好影響度（インパクト）創出の潜在力を評価しているところです。

インパクトの描き方は壮大で、もし、同社の投資先企業のサービスが全世界で展開された際には、二酸化炭素4億6600万トン、酸性雨400万トン、危険廃棄物70万トンを削減できると試算しています[9]。

投資先企業の成長性を推し量ったり、成長を支援したりする立場のファンドが、サステナビリティを成長の必要条件と見始めていると言ってよいでしょう。

また、ESG投資家から高い評価を得ている大企業は、自社のサプライチェーン、バリューチェーンにおけるESGへの配慮についても非常に敏感になっています。サプライチェーン上のESGへの配慮を大企業が行い始めたきっかけは、アジアの委託先工場における児童労働や火災などの劣悪な労働環境が発覚し、それが欧米の消費者を中心とした不買運動につながったことです。

また、米国で2010年にできたドッド・フランク法が、紛争鉱物と定義した種類の鉱物を使用している企業に対し、その最上流の生産地（鉱山）を把握するように求めたことから、電機・電子部品、輸送用機器等の幅広い企業で、一気に取り組みが求められました。

このように、途上国でビジネスを行っている企業ほど、現地での労働や人権、環境といった側面から細かい配慮が必要とされますが、いまや国内にしか事業所のないような中小企業にとっても関係が深くなりました。

取引先の大企業から、環境や労働面での調査依頼があるという話は一般的になっています。最近の注目トピックとしては、技能実習生をはじめ外国人労働者の労働環境や、日本人も含めた従業員全体の長時間労働の是正や職場でのハラスメント対策といった労働関係の課題が挙げられます。

ESGとSDGsの共通点と相違点をまとめると次ページの図表13のようになります。ESGが、もともと投資家など金融界がサステナビリティを考慮するための用語として使い始められて企業に広まったことと比較して、SDGsは社会全体にとってのゴールであるという特徴が、あちこちに表れていると考えられます。

図表 13　ESG と SDGs の共通点・相違点

ESG（Environmental, Social, Governance）	比較項目	SDGs（Sustainable Development Goals）
当初は投資家・金融関係者向け 最近では「ESG経営」として上場企業にも広がり	対象	世界中のすべての主体
国連・事務総長の呼びかけに一部投資家が応えた	提唱主体	国連
2006年	できた年	2015年
当初はほとんどなし。 コーポレートガバナンス改革の流れから政府としても支援・推進するようになった	日本政府の関与	国連総会で署名。 総理大臣を本部長とする「SDGs推進本部」を2016年に設置
なし	期限	2030年
ESG評価機関等による企業の取り組みチェック項目は約300。ただし、ESG投資家により様々	評価手法	国連の指定する定量指標が232あり、国単位でフォローアップ
気候変動や人権について経営リスクと考える	価値観	人類の豊かさのための気候変動対策や人権尊重
事業や投資の意思決定のプロセスに関するもの	性格	取り組みのゴールになるもの
概念なし （運用資金全体から見て結果として約3割）	必要金額	年間約5兆～7兆ドル先進国／国際機関の資金援助 開発途上国自身による資金拠出、民間資金

［出所］筆者作成

第3章

SDGsに取り組むときのヒント

1 まずは国連や、政府が提供しているツールを知る

SDGsに取り組みたい組織のための支援ツールを、国際的な団体や政府が提供しています。

「SDGコンパス」とは何か

最初に登場した支援ツールは、国連グローバル・コンパクトなどの3団体が協働して2015年のSDGs採択とほぼ同時に発表した、「SDGコンパス」です。「SDGコンパス」には日本語を含む各国言語に翻訳されたガイドブックもあることから、「インターネットでまず検索してみたらSDGコンパスが出てきた」という方もいるでしょう。

また、国連グローバル・コンパクトの署名団体による国内ネットワーク[1]では、毎年会員に対して「SDGコンパス」を参照した認知度のアンケート調査も実施しています。

「SDGコンパス」以外にも、企業のサステナビリティ情報開示の普及・促進を行う団体GRIによるガイドラインや、経団連の「企業行動憲章実行の手引き（第7版）」といったツールもあります。2017年ごろから、SDGsに関する日本語の書籍も多様に出てきて

図表14　SDGコンパス

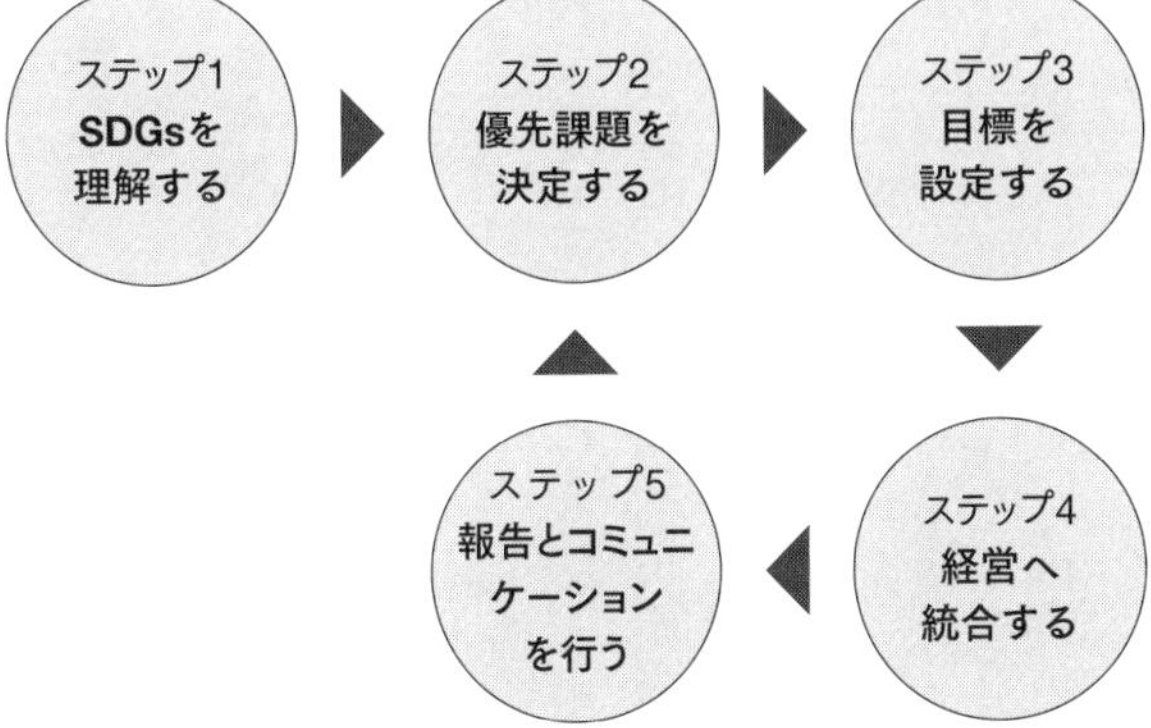

［出所］GRI、国連グローバル・コンパクト、WBCSD「SDG Compass」P5より抜粋

います。

例えばSDGコンパスでは図表14のように、「ステップ1　SDGsを理解する」から「ステップ2　優先課題を決定する」というふうに始まっています。目標設定をステップ3で行ってから、「ステップ4　経営へ統合する」とあります。

この手順に従っていければいうことはないのでしょうが、「いきなり優先課題と言われても少々ひるんでしまう」とか、「そこまではウチではできない」と逆に高いハードルに思ってしまうという声もあります。

特に、何事も緻密に検討して合理的に前に進めたい気質のある企業では、「優先課題を決めたら他のことはどうなるんだ」といった疑問を抱きやすいようです。支援ツール通りのステップを踏めるのは大企業に限られてしまうのかもしれません。

「PLAN」の段階でSDGsと紐付けて考える

SDGs推進本部や、国際的な窓口である外務省以外でも、各省庁がSDGsと関連付けた政策を打ち出しています。環境省では、2018年6月に、「すべての企業が持続的に発展するために―持続可能な開発目標（SDGs）活用ガイド―」というガイドを発表しました。[2] そこでは、SDGsに取り組むための取り組み手順として、図表15の内容が示されています。経営システム用語の定番「PDCAサイクル」に基づいており、特徴的なのは「PLAN」の段階で「自社の活動内容を棚卸し、SDGsと紐付けて説明できるか考える」とあるところです。

「棚卸」とは、ここではすべて洗い出して整理するということを意味します。「わが社とSDGsのつながりを見つける」ためには確かに有効な手段です。ただ、「棚卸」というと、やや重たいというか、〝作業量〟としてはそれなりのものが担当者に発生します。それがゆえか、「棚卸して紐付けたはよいが、その後どうしてよいか分からない」という企業や

図表15　SDGsに取り組むための手順例

PDCAサイクルによるSDGsの取組手順例

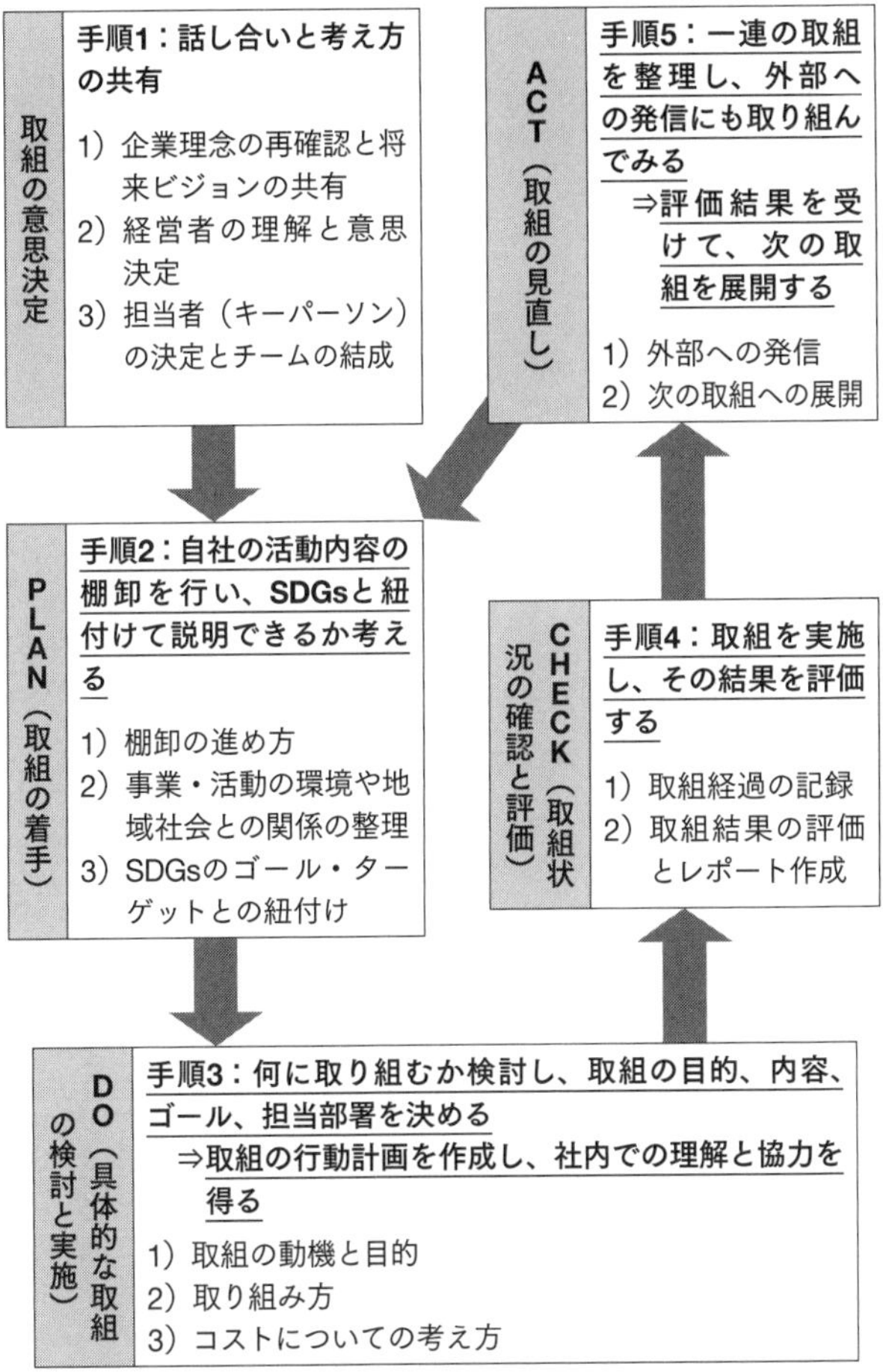
取組の意思決定
手順1：話し合いと考え方の共有
1）企業理念の再確認と将来ビジョンの共有
2）経営者の理解と意思決定
3）担当者（キーパーソン）の決定とチームの結成
PLAN（取組の着手）
手順2：自社の活動内容の棚卸を行い、SDGsと紐付けて説明できるか考える
1）棚卸の進め方
2）事業・活動の環境や地域社会との関係の整理
3）SDGsのゴール・ターゲットとの紐付け
DO（具体的な取組の検討と実施）
手順3：何に取り組むか検討し、取組の目的、内容、ゴール、担当部署を決める
⇒取組の行動計画を作成し、社内での理解と協力を得る
1）取組の動機と目的
2）取り組み方
3）コストについての考え方
CHECK（取組状況の確認と評価）
手順4：取組を実施し、その結果を評価する
1）取組経過の記録
2）取組結果の評価とレポート作成
ACT（取組の見直し）
手順5：一連の取組を整理し、外部への発信にも取り組んでみる
⇒評価結果を受けて、次の取組を展開する
1）外部への発信
2）次の取組への展開

［出所］環境省「すべての企業が持続的に発展するために　ー持続可能な開発目標（SDGs）活用ガイドー」平成30年6月に基づき作図

自治体の方の声をかなり耳にします。であれば、あえて全部引っ張り出そうとしなくてもよいのでは？　というのが本書の視点です。

自分にあったやり方を選ぶ

そこで、様々な支援ツールが提供されてはいるものの、「自分にあったやり方で」「好きなことをやろう」という立場で話を進めていきます。まず「自分にあったやり方」でSDGsに取り組むためのヒントをいくつか挙げ、次に第4章でより具体的にビジネスに取り入れるためのヒントを紹介します。

SDGsに取り組むとなると、「本業を通じた貢献」のストーリーをどう作ろうか、というところに関心が行きがちです。これだけSDGs、SDGsと言われるようになると、担当者も「早くカッコよくロゴを並べたい」と気持ちもはやることでしょう。

しかし、何事も、自分（自社）にあったやり方でないと、進め方がぎくしゃくしてしまいがちです。SDGsは、持続可能性という長期的な課題を解決するためにあるわけですから、企業の取り組みも、一過性のブームになってしまっては本来の趣旨から外れてしまいます。

そこで、まず、「自分にあったやり方を選ぶ」ことを考えてみましょう。

トップのコミットメントが推進を加速させる

ＳＤＧｓに限らず、ＣＳＲ（企業の社会的責任）やＥＳＧ（環境、社会、ガバナンス）といったテーマに企業として取り組もうというとき、必ずと言っていいほど言われるのが「トップコミットメント」の大切さです。

それは、こうしたテーマでは往々にして、通常のビジネスよりも投資回収期間が長かったり、成果を通常の利益ベースで測りにくかったりするため、トップが経営判断として、はっきり方針を示さないと取り組みにくいものであることが多いからです。特に、中長期的な目線で見ると「こうするべき」ということが、今期の利益にならなかったり、さらに利益を減少させたりするケースでは、どちらに進むべきか決めるのはトップの役割になります。

もちろん、中長期目線で会社の方向性を考えること自体を業務として担っている部門があれば（経営企画等）、ボトムアップで上げていくことこそ仕事とも言えるでしょうが、専任の担当者を置けている企業は、上場企業でもすべてというわけではありません。

第2章で紹介したようなＳＤＧｓに取り組むメリットをトップ自らが感じてそれを言葉に

して会社の方針にすることができれば、従業員にとっては取り組みを進めやすくなります。実際、社長が「SDGｓに本業で貢献しよう」という大号令をかけたことによって、今まで停滞しがちだった環境配慮製品等の開発や、営業戦略が一気に進んだという企業もあります。

トップに関心を持たせる

しかし、実際に様々な企業の話を聞くと、必ずしもトップのリーダーシップが直接発揮されていなくても、SDGｓへの取り組みを進めることができている企業もあります。

そうした企業では、担当者が、「自分の会社で何かが動くときというのは一体どういう条件がそろうときなのか」について敏感で、それを具体化させています。

例えば、「わが社で実際に中長期の取り組みの絵を描いていたのはどんな人なのか？」を振り返ってみるという方法が考えられます。もし、実質的にはナンバー2クラスが絵を描いてトップがそれを追認するスタイルであれば、動いてもらうのはナンバー2クラスになります。

また、新しい方針を打ち出したり仕組みを導入したりするハードルが高ければ、例えば品質や環境に関する既存のマネジメントシステム（例えば、ＩＳＯ９００１やＩＳＯ１４００１）の中で、改善サイクルの中に埋め込んでいくということも考えられます。現状の仕組みの中で何かやってみて、成果が少し出てくれれば、大きく育ててみようという作戦です。

あるいは、意欲のある担当者であれば、「トップの関心が薄いからできない」と嘆くのではなく、トップの関心を「仕向ける」ためにどうするかというのも一つの方法です。上場企業であれば、最近ではＥＳＧ投資家の存在感が増しており、「投資家から質問された」ことが経営者の関心につながる話がよくあります。あるいは、業界団体や商工会議所等の会合に出席して、周りで話題になっているのを耳にして「うちはどうなっているんだ」という対抗意識に火が付くこともあります。

両者に共通するのは「日々の経営とは別の外の空気に触れてもらうこと」です。もともと外向的なトップはたくさんいるでしょうが、「営業」という意味の外向きだけではなく、日常的に考えていることとは少し違う、変化球が飛んでくる状況づくりをするのであれば、担当者でもできないことはないでしょう。

個人の生活レベルから始める

トップコミットメントとはまったく逆に、「従業員一人ひとりが知ってもらうことから始めるのがいい」という企業もあるかもしれません。

例えば、これまで身近な環境活動や地域貢献活動を支援してきた企業には、個人レベルでエコバッグの持参を徹底したり、ボランティア活動に参加したりしている従業員がたくさんいるでしょう。

SDGsが企業セクターに求めているのは、製品・サービスを通じた役割だと考えると、こうした取り組みはあまり関係がないと思ってしまうかもしれませんが、そこで諦める必要もありません。

SDGsを知っているという人が多くて約2割という現状において、「まずは知ってもらうことから始める」のも、従業員の学びの観点からは重要です。

特に、BtoBの部品や素材メーカーなど、最終製品までの距離が遠すぎる場合などでは、「SDGsを知っている従業員が多い」ことを取り組みの切り口にしてみましょう。

2 会社の経営理念を確認しよう

理念の方向性を考える

自分（自社）にあったやり方を選ぶ際に、確認しておきたいのが経営理念です。経営理念、経営方針、創業の精神、社訓など呼び方はいろいろあるでしょうが、会社の経営方針の根幹にある考え方のことを指します。

経営理念は、額に書いて飾ってあるだけ、という状況にはなっていないでしょうか。企業の担当者と話をすると、品質方針や環境方針など、より細分化された「わが部の担当する方針」には詳しい半面、経営理念はそうでもないことも多々あります。

しかし、創業や経営の理念や精神としてまとめられた言葉にこそ、その企業の価値観、大事にする方向性が凝縮されていると考えられます。SDGsやサステナビリティのような長期的な課題に向き合う際には、「わが社の価値観」との整合性を確認しておくことも、周囲を説得する際のポイントになります。いろいろな検討を進める際には、意見が割れることもあるでしょうが、そもそもどういう価値観で集まって仕事をしている会社なのか、という軸を持っておくことは議論の拡散を防いでくれます。

なお、経営理念にも様々な種類があります。四文字熟語並みに短い企業もあれば、複数の項目を箇条書きにした企業もあります。ここでチェックしておきたいのは、「株主への貢献」と「顧客への貢献」以外のことが書かれているか、という点です。

企業、特に株式会社の場合には、株主に収益の分配で貢献するのは当たり前です。また、顧客に製品やサービスを買ってもらってこその企業活動ですから、「お客様の役に立つ」のも当たり前です。それだけでは、いわば、当たり前のことが書いてあるだけの経営理念です。

SDGsやサステナビリティの観点から経営理念を見て、明記されているかどうかをチェックすべきなのは、社会や環境、従業員や取引先、地域といったステークホルダーへの意識です。もし、かなり抽象的に「社会の繁栄のために」という趣旨のことが書かれていて、担当者の目線では「日々の業務とだいぶ差がある」と感じたとしてもそれに臆けてしまわず、「経営理念を実現するためには、SDGsやサステナビリティに取り組むことが必要不可欠」という説得材料にしてしまえばよいのです。

「社会の繁栄のため」っていったい何だろう、という質問をぶつけていくのも、回り道かもしれませんが一つのやり方です。最上位にある経営理念を具体化するために、サステナビリティ方針やESG方針といった第2階層の方針を明文化するイメージです。

ちょっと難しいのは、どう解釈しても株主と顧客のことしか書いていない経営理念の企業です。このケースでは、思い切って経営理念を刷新することが必要です。経営理念ほどの上位概念を変えることなんてできるのだろうか、と疑問を持たれるかもしれませんが、してはダメというものではありません。不祥事を引き起こしてしまったことを契機として、経営理念を見直すことで出直しを図った企業もあります。

検討の結果、経営理念を変えるに至らなかったとしても、企業として何を目指しているのかをじっくり議論することができれば、何らかの解決策を見出せると期待できます。石が、池に投げ込まれれば波紋が広がるように、課題提起することで様々な人が関与してくるでしょう。そこが、SDGsに取り組む際の起点になると考えられます。

世代間ギャップを埋める

SDGsに対する社内の受け止め方は、企業によって様々です。経営層に関しては、「社長の鶴の一声でSDGsに取り組むことになった」「社長がとにかくSDGs好きで、社外のあちこちで意欲を語っている」といった超推進派もいます。反対に、「社長が理解していない」「社長は分かっているが、担当役員や部長級が動かない」「海外事業の役員は積極的だが、国内が動かない」「役員同士が常に争っているから、誰かが賛成したら反対派が必ず出る」などの声も聞こえてきます。それぞれ、SDGsと関係ないところの組織上の特徴や場合によっては課題であると言えそうです。

他方、一般の従業員については、ほぼ「若い世代ほど関心が高い」と言われます。中には例外もあるかもしれませんが、育ってきた時代や環境が違う以上、ある程度は仕方のないものと考えましょう。

若手世代から見て、上層部の動きが鈍いとしても、すぐに諦めてしまうのはもったいないことです。そういうケースでは、社内や社外でも関心のある人同士で、自主的な勉強会を始めてしまうという方法もあります。SDGsについては、国連が出している様々なツールのほか、政府や自治体関連でもセミナー等、学びの機会が豊富にあるため、ネタを探すのはそれほど難しくありません。自主的な勉強会は、後ろ盾もありませんしボランティアですが、その分、目の前の業務からも自由になって意見交換をできるよさがあります。

まずは自分から行動しよう

「SDGsは、やがてISOのようになるのですか」という質問もよく耳にします。ISOとは、国際標準化機構という民間国際団体で、経営に関する様々な標準（スタンダード）を「規格」として開発しています。[3]

ISOの規格の中で日本企業に馴染み深いものは、品質のISO9001、環境のISO14001です。こうした規格は「認証規格」とも言い、企業の経営の状態が標準形を満たしているか（規格に適合しているか）どうかについて第三者機関による審査を受けて合格すれば、「認証を取得している」と言える性格のものです。企業にその取得が広まったのは、取得していることが取引の要件となるケースが増えたからです。

つまり、SDGsがISOになるのか？という問いには、SDGsに沿った経営をしているかどうかを審査されるようになり、適合・不適合といった合否判定になるのか、さらに、それが企業選別に活用されるようになるのか、といった意図が含まれています。

現時点で、SDGsが認証規格になるとか、SDGsがまるごと法律や規制になるとは、考えにくいです。その可能性はほぼない、と言ってよいでしょう。

SDGsの169のターゲットや232の指標は、持続可能性というゴールに向かっていく道のりにある一里塚（マイルストーン）のようなものであり、一つひとつについて個々の企業レベルで○×をつけるためにあるのではありません。

こう解釈できる理由の一つは、企業を含むあらゆる組織の社会的責任については、「ISO26000」がすでにあることです。ISO26000は、2010年に発行した「社会的責任に関するガイダンス」規格です。世界の90カ国以上からの代表と、40以上の機関が策定過程に参加して5年をかけて作られました。「組織統治」「人権」「労働慣行」「環境」「公正な事業慣行」「消費者課題」「コミュニティへの参画及びコミュニティへの発展」という7つの主題ごとに、組織が社会から何を求められているか、記述されています。

ISO26000の最大の特徴は、合否判定のある「認証」ではなく、「ガイダンス」という性格であることです。白黒をつけるためにあるのではなく、行動の指針・ヒントとして、企業、政府機関、非営利組織等あらゆる組織に活用されることが意図されているのです。

ただし、ISOはISOで、様々な持続可能性に関わる個別課題についての規格開発を進めています。認証規格かガイダンスかという点で規格の中身はずいぶん異なりますが、いずれにしても、議論が進んでいます。また、持続可能性に貢献するような企業や事業、すなわち「サステナブル・ビジネス」の定義を決めようという動きは、ESG投資の高まりとともに欧州を中心に議論が盛り上がっていることも事実です。こうした動きに派生して、SDGs達成への貢献度を一定の尺度で測ろうという動きも出てくることならば、考えられます。

上場企業では、こうした議論がESG投資家の動きにも影響することを見据えて、様々な動きにアンテナを立てておくことが、無駄になることは決してありません。

なお、第1章でも述べたように、SDGsは現在の世界に対する危機感に基づいて策定されており、もし仮に2030年になっても達成状況が悪ければ、厳しい規制を導入して強制的に企業や個人の行動を縛る状況も出てくるかもしれません。

現時点では、あくまでも自主的な行動を促すというレベルで留まっている、と理解しておくくらいでちょうどよいと思われます。だからこそ、「自分から行動する」ことが企業としてのメリットにつながるのです。

なお、「認証」まではいかなくとも、「よい取り組み」にはやはりきちんとラベルを貼って取り組みを推進しよう、という動きもあります。例えば国連開発計画（UNDP）では、「SDGs Impact」というプロジェクトを実施しています。SDGsのゴール実現のための投資を呼び込むことを目的としており、一定の基準を設けて、投資家や企業の取り組みとの整合性を認証する仕組みを導入しました。[4]

自分でやるために、自分にあった「外圧」を学びに変える

他方で、「審査や合否を伴う認証にはコストもかかるし、そうならないと聞くとほっとするような気もする。いきなり合格証が欲しいわけでもないし。しかし、何か『外圧』がないことには、いくら取り組むといいことがあるといっても、ウチの会社ではなかなか動けないなあ、日常的な業務ですでに手一杯だし……」というつぶやきが聞こえてきそうな気がします。

そういうときには、自社にとっても最も都合のよい「外圧」を作り出してしまおうという発想をお勧めします。

ここで、考えてみやすいのは「お客さん」です。お客さんというと、コストと納期の圧力ばかりかけてくるじゃないかと思われるかもしれませんが、場合によってはお客さんと共に学ぶこともできるかもしれません。お客さんの力をテコに、自分の動きを作り出してしまう具体例を挙げてみましょう。

- 営業担当者が一番困るのは、お客さんに質問されたのにうまく返せないとき。そこから、若手向け研修時のロールプレイングでは、場面を展示会でのQ&Aシーンに設定。商品と環境問題の関係についてテキパキと説明している先輩の姿を取り上げた。
- お客さんとは、商品の使用方法を説明したり、新商品への要望を聞いたりする会合を定期的に開催している。そこで実施する勉強会テーマは毎回相談して決めるが、そこでSDGsをテーマにするよう発案してもらう。
- お客さんからSDGsに関する質問をしてもらえるようなきっかけ作りをすれば、営業担当自身の学びにもつながるのではないか。そこで、顧客向けに送る挨拶状に、少し、環境に関するネタを盛り込んだ内容をひな型にして入れる。顧客の一部でも、「詳しく教えて」と話題にしてくれる人がいたら波及する可能性もある。

部署がなければグループで始めよう

もともとCSRを担当する部署がはっきりと決まっている企業では、多くのケースで、その部署がSDGsに関する情報を収集し、何かあったら担当するという役割分担をしています。アンケート調査[5]からも、「SDGsの活動推進主体はCSR部門」という回答が3年連続で7割前後と最も高くなっています。

しかし、CSRを専門に担当する部署を置き、人を配置できる企業は少数派で、CSRを担当すると一応決まっているけれど他の業務（総務、広報、環境、品質など）と兼務しているビジネスパーソンが多いと思われます。もともと1人で多くの業務を抱えて忙しい状況にあると、「SDGsにも〝対応〟しなくちゃいけないの？」と負荷に感じてしまう可能性もあります。

そうするとSDGsにも、「やらされている感」が漂ってしまいがちです。これを避けるためには、思い切って自主的な活動にしてしまうというのも一案です。

もともと、人材育成の観点から従業員同士での自主的な勉強会の開催を奨励するような企業もあります。営業が中心になって、顧客と、関連する外部環境の動向（政策等）について勉強会を開催するという企業もあります。あるいは、テーマは幅広くてよいので経営に関するあらゆる改善提案を受け付けている企業もあります。

そうした場の中で、SDGsを取り上げていき、正式な担当部門がなくとも、自然発生的なワーキンググループになれば上々です。

実際、CSR部署などが正式にSDGsの旗を振っている企業においても、社外から面白いと注目されるような取り組みは、SDGsの担当者の発案であるよりも、振られている旗に「ピン」と来た人による勝手発生的なものが多いのではないでしょうか。

SDGコンパスではステップ4になって初めて「経営へ統合する」とありました。しかし、もともとなにがしかの経営課題に向かっている人が、SDGsという刺激を得て、「ここにSDGsをぶつければ面白いんじゃないか」と「統合してみる」ところから始まるのではないかと思われます。

例えば、東京都の「平成30年度政策特別（三井住友銀行経営基盤強化）」は、東京都が民間金融機関からテーマを募って制度金融のメニューを決めるという仕組みが元になっています[6]。そこに、三井住友銀行がSDGsを意識した経営を中小企業等に広げるという「SDGs経営計画」付きの提案を行ったことで実現した商品です。

三井住友銀行では2018年度から、各部門がSDGsに貢献する施策を立案し、それらを経営計画に取り入れるなど、積極的にＳＤＧｓに取り組んでいる企業の一つですが、この商品の例でも、もともと東京都向けの提案や中小企業向けサービスの付加価値向上、営業のコミュニケーション力向上を考えていた担当者が、「ＳＤＧｓでやってみよう」という発案をして始まっています。

積極的に旗を振る部署があってこそ、とも言えるかもしれませんが、もしもそうした部署がなくとも、本書でも紹介している様々な支援ツール[7]や他社事例を参考にしながら、「わが社の取り組み」の方向性を見出すのは、たった1人の担当者発でも構わないのです。必ず、前向きな輪が広がると確信しています。

第4章

SDGsにビジネスで貢献する

1　今ある取り組みからできることを考える

まずは興味関心から始めよう

いよいよ、ビジネスを通じてＳＤＧｓに貢献する具体策を考えていきましょう。

ＳＤＧｓに取り組もうという方針が固まれば、考えてみたいのが「わくわくすること」についてです。ＳＤＧｓやサステナビリティといっても、中身は環境や女性活躍、健康、教育、ＮＰＯとの連携など、今まで言われてきたＣＳＲと大して変わらないとはいえ、よい取り組みを大いに伸ばすことが必要とされています。

そこで、今すでにある取り組みの中から、自分自身が最も「いいと思う」「社外に説明するときにわくわくする」ことを取り上げてみましょう。すでに環境配慮型や、社会貢献型の製品・サービスを有している企業であれば、その中から選ぶのでも構いません。

何らかの製品・サービスが分かりやすいですが、自社による環境負荷削減や多様な人材の活躍といった社内の取り組みでも構いません。もちろん、ＳＤＧｓができる前からやっていることで構わないので、ご自身の「これがわが社の自慢、私がわくわくすること」を見つけ

図表16　地元の農産物を使った駅弁でわくわくすること

検討の切り口	アイデア
●どんなところが魅力か	地元産の新鮮な食材、地元の名物料理
●どんな人が、その魅力に共感してくれているか	観光客やビジネス客のうち、最終日の昼食に駅弁を買っていく人が、名残のお土産感覚で買う
●共感してくれる人が増えたら、誰にとってよいことがあるか	食材を提供している農家や、調理している事業者にとって収益拡大。駅弁目当てのお客さんが増えたら、鉄道事業者も収益拡大
●もっと大きく育つとしたら、どのようなところか	朝早い移動者向けの朝ごはんバージョンがあればよい。買って降りて駅周辺で食べられたら昼食時間以外でも買いやすい
●弱点はどこか	供給力が限定的なので人気が出すぎても作れない。弁当箱や包装材などの廃棄物の発生。特にプラスチックごみ

［出所］筆者作成

てみてください。

「え、本当にそこからでいいの？」と思われるかもしれません。いいのです。SDGs達成貢献に向けた取り組みを一過性にせず、SDGsの求める「大胆な変革」につなげるためには、内発的な意欲があることが最大の突破力になります。SDGsに貢献するために活動内容を改善・調整することは後からでもいくらでもできますが、最初の「わくわくできる」という感覚は、後付けにはならないのです。

では、「わくわくすること」と

はどのようなものか、詳しく考えていきましょう。アイデアの切り口としておきたいのは次のことです。

- どんなところが魅力か（何に使える？　画期的？　お得感がある？）
- どんな人が、その魅力に共感してくれているか
- 共感してくれる人が増えたら、誰にとってよいことがあるか
- もっと大きく育つとしたら、どのようなところか
- 弱点はどこか

もっと広げるための「ロジックモデル」

例えば、「地元の農産物を使った駅弁」を考えてみましょう（図表16）。

アイデアが浮かんで来たら、それらをカードにしていきます。カードは実際に並べていきたいので、もし実際にやるとすれば、1枚のカードに1つずつ情報を書いていきましょう。大きめのサイズの付箋をカードとして用いれば、並べ替えていくのも簡単になります。

まず、横長の紙か机の上の一番左の方に、「わくわくすること」の中身を置きます。上記

図表17　インプットとアウトプット

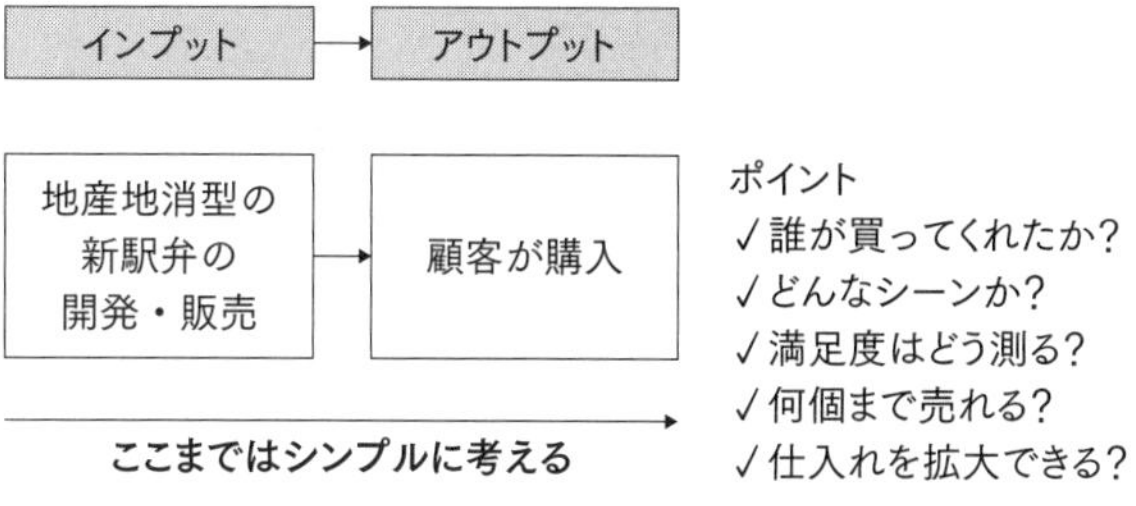

［出所］筆者作成

例で言えば、「地元の農産物を使った駅弁」の開発です。この、一番左側に置く項目を「インプット」または「アクティビティ（活動）」と呼びます。

次に、それをお客さんに買ってもらう、という段階に進みます。上記のアイデアでは、詳しく「観光客やビジネス客のうち、最終日の昼食に駅弁を買っていく人が、名残のお土産感覚で買う」という場面を想像してみました。ここではいったん簡単に、「観光客に買ってもらう」「ビジネス客に買ってもらう」という「誰が」、食べてもらうシーンとして「旅の最終日の昼食」「名残のお土産感覚」を想定しておきます。この段階を、インプットの次の「アウトプット」と言います。こうして、1つの活動が次の活動につながっていく、一定のロジック（考え方）のもとでつながっていく関係図を、「ロジックモデル」と言います。

さて、アウトプットまでならば、商売をするなら誰でも把握していいます。誰がどこで何円の商品を何個買ったか、といった情報ですね。アウトプットの段階で、SDGsの視点を取り入れるとすると、「視覚等の障がいのある人にも買いやすくなっているか」といった配慮が考えられます。

あなたの「わくわく」は、顧客をどう動かしているか

ここからがロジックモデルづくりの本番です。お客さんが「アウトプット」という形であなたの製品・サービスを買ってくれたとして、その顧客にはいったいどのような変化が生まれるでしょうか。

ロジックモデルづくりではまず、「よい方に転ぶ話」を考えていきます。したがって、ここではお客さんがおいしいと感じて満足してくれたところから進めます。満足して帰宅したお客さんが次にどうするか。もう一度乗車する機会があれば（例えばリピート出張）買おうと思う、家族や友人においしかった話をする、旅の土産話としてSNSに投稿する……などが考えられます。

たった1人が行動するだけでは大して変わらないかもしれませんが、同じような反応をするお客さんが複数いればそれだけ、「リピート顧客の獲得」「新規顧客増加」というよい方向

への流れが力強くなります。

また、売れることによって、駅弁を作るための材料の注文も続く（増える）ようになれば、地元のサプライヤーにも影響が及びます。安定的に販売できる先として駅弁需要を期待できるようになれば、サプライヤーにおいても新たな設備投資や雇用拡大につながっていく可能性もあります。

このような、二次的な影響以降のことを、「アウトカム」と言います。[1] やや難しく感じるかもしれませんが、アウトカムの段階では、直接はインプットとなった製品・サービスの投入者であるあなたの手を離れ、お客さんの反応をきっかけにそれがあちこちに跳ねてバウンドしていく、「ありえる話」を作っていけばよいのです。常に正解がある問いではないため、ある程度、話を「盛る」くらいの感覚で進めましょう。

アウトカムの検討段階になれば、この話の行き着く先の「インパクト」を意識することになります。もちろん、SDGsへの取り組みがきっかけの話ですから、インプットを何にするかの時点である程度、SDGsの17のゴールのうちどれを狙っていこうかなというのは念頭にあるでしょうが、この辺りになると、さらにターゲットレベルでの目的地が視野に入ってきます。

顧客の反応から、SDGsのゴールにたどり着く

　このケースで意識したいのは、まず、ターゲット2・4「2030年までに、生産性を向上させ、生産量を増やし、生態系を維持し、気候変動や極端な気象現象、干ばつ、洪水及びその他の災害に対する適応能力を向上させ、漸進的に土地と土壌の質を改善させるような、持続可能な食料生産システムを確保し、強靭（レジリエント）な農業を実践する」です。

　地元で採れる、安全・安心な農産物をより安定的に調達し、より高い値段で販売できる駅弁が、持続可能な食料生産システムを確保するための1つの手段につながるというストーリーです。持続可能性（サステナビリティ）の要素である環境、社会、経済の3側面から見ると、地域の旬の野菜を使うことは温室や輸送にかかるエネルギー消費量を少なくできる、適切に農薬や肥料の使用がされていれば、生産量を確保しつつ土壌や生態系への悪影響を最小限に抑えられる、残留農薬等がなく安心した材料を届けられる、地元での雇用を確保する、高付加価値の商品となり地方創生になる、といった効果が考えられます。

　ターゲットの文章の中で、「持続可能な食料生産システム」にかかっている修飾語の部分に、この駅弁の原材料となる野菜を結び付けて考えていくということになります。エネルギー消費の大小についてはターゲット2・4には細かく書き込まれていませんが、一語一句結

図表 18　地元野菜を使った駅弁からターゲット 2・4 へ

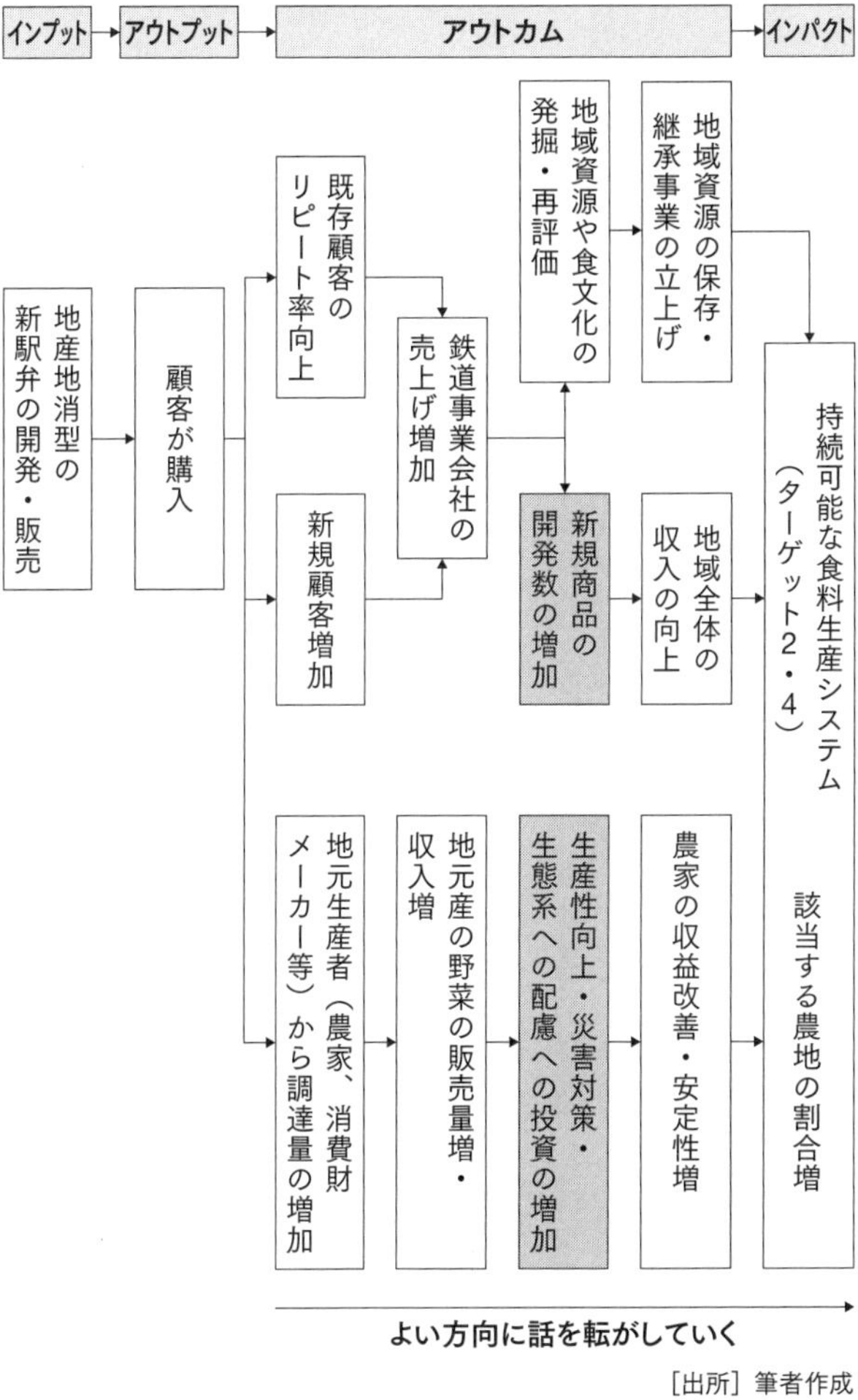

［出所］筆者作成

び付けるというよりも、拡大解釈をして書いてみて、後から関係者の賛同を得られないものがあれば削るくらいの感覚で「カードとカードの間の線」を増やしていきましょう。

想像を膨らませていくと、当初書き出したカードにはないアイテムが出てくるかもしれません。その場合でも、短期的な実現可能性は別として、アウトカムの流れの中に書き加えていくことをお勧めします。

こうしていったん、ターゲット2・4をめがけて整理したロジックモデルは図表18のように完成しました（図表18）。

2 提案営業にSDGsを取り入れてみる

ロジックモデルの右側に来るターゲットは1つとは限らない

さて、地元産の野菜を使った駅弁ビジネスは、ターゲット2・4以外にもSDGsに貢献できるでしょうか。答えは、やりようによって「はい」です。まずはあくまでも、持続可能な農業の一助となっている、という中核が大切ですが、それを押さえた上で、付随的に貢献できるターゲットが広がっていきます。

例えば、ターゲット8・9は、「2030年までに、雇用創出、地方の文化振興・産品販促につながる持続可能な観光業を促進するための政策を立案し実施する」です。目標8は、「働きがいのある人間らしい雇用」というキーワードが入っているために働き方改革に関する目標だと思われがちですが、それだけではありません。

「働きがいのある人間らしい雇用」にふさわしい収入をしっかり得るために、「包摂的かつ持続可能な経済成長」を目指すことも目標8に含まれており、その中身としてターゲット8・9に「持続可能な観光」が明記されているのです。文尾に「政策を立案し実施する」とあるので一瞬自治体向けのターゲットかと躊躇してしまうかもしれませんがその必要はありません。実施・実践するのは民間企業であってまったくおかしくないのです。

「地元産の野菜を使った駅弁で、持続可能な観光に本当につながるのか」という疑問が思い浮かびますが、単純に考えても、「地方の産品販促」にはなります。

「持続可能な観光[2]」とは、一般的には、外部からの観光客が押し寄せることで逆に保護すべき資産が劣化しないようにすること（ホテルなどの開発や、観光客が出す廃棄物の処分はしばしば地元の問題になります）や、適切な入場料等を徴収して保護すべき資産の管理や修繕に充てることなどが該当します。

図表 19　地元産野菜の駅弁から広がるターゲット

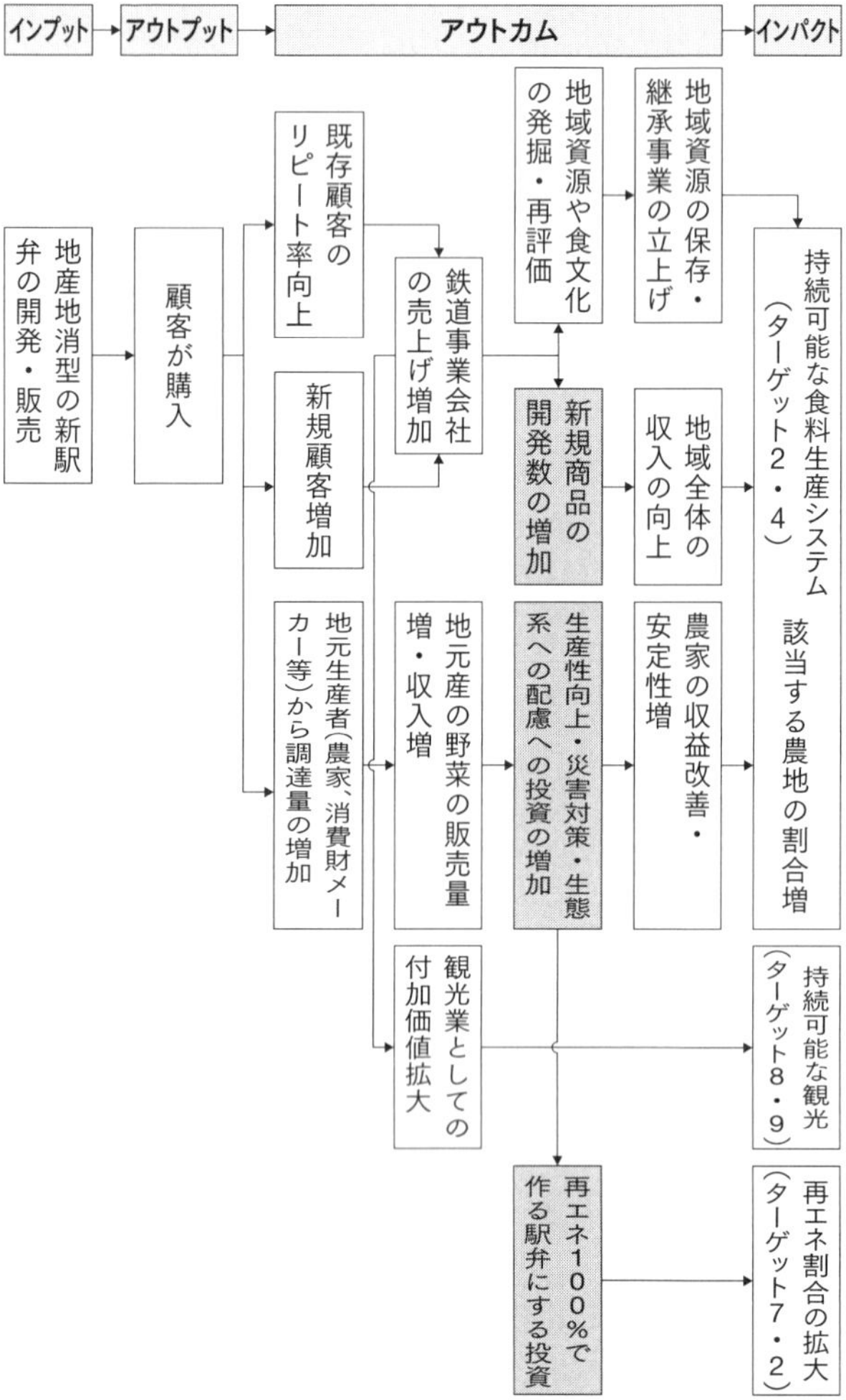
インプット
アウトプット
アウトカム
インパクト
地産地消型の新駅弁の開発・販売
顧客が購入
既存顧客のリピート率向上
新規顧客増加
地元生産者（農家、消費財メーカー等）から調達量の増加
鉄道事業会社の売上げ増加
地元産の野菜の販売量増・収入増
観光業としての付加価値拡大
地域資源や食文化の発掘・再評価
新規商品の開発数の増加
生産性向上・災害対策・生態系への配慮への投資の増加
再エネ100％で作る駅弁にする投資
地域資源の保存・継承事業の立上げ
地域全体の収入の向上
農家の収益改善・安定性増
持続可能な食料生産システム（ターゲット2・4）該当する農地の割合増
持続可能な観光（ターゲット8・9）
再エネ割合の拡大（ターゲット7・2）

［出所］筆者作成

あるいは、ターゲット7・2「2030年までに、世界のエネルギーミックスにおける再生可能エネルギーの割合を大幅に拡大させる」にも広げられます。もし、駅弁の製造工程で使うエネルギーを100%再生可能エネルギーにする、という試みがあれば、再エネ拡大に向けた需要家（エネルギーの利用者）の立場からの貢献になります。

このように、「持続可能な食料生産システム」を核に置きつつ、インプットの設計次第では、他のターゲットへの接点が広がっていくことが分かります。もし、これを検討しているのが鉄道・バスといった陸運業界や、観光業を営む事業者で、こういう駅弁を出す可能性のある地域候補が複数あるとしたら、一番金額的に儲かるだけではなくて、一番面白く、SDGs達成への貢献度が高そうな地域を選んでいくことも可能です。

「わくわくする製品・サービス」から、SDGsまで延ばしていく経路（パス）をご理解いただけたでしょうか。以上をロジックモデルにすると、図表19のようになります。

SDGsを営業資料に使ってみる

ロジックモデルは、どのような製品・サービスを起点にしても作ることができます。ただ、「わくわくする」感覚のあるものでつくった方が、「こんなふうに、あんなふうに広がっていく」という面白さが生まれやすいように思われます。

SDGsに関するセミナーでロジックモデルについて説明したり、参加者に実際に手を動かしてロジックモデルの絵を描いてもらったりする際に、「営業資料に使えそうだ」という感想をいただいたことが何度かあります。

「この製品・サービスを使うと、こんないいことがありますよ」ということを図式化するロジックモデルは、まさに提案です。さらに、お客さんの持っている経営課題と、SDGsのゴールやターゲットにどこかで関連があれば、ソリューション提案ともかなり親和性が高くなると言えます。

具体的な「提案」のシーンを思い浮かべていただくと、次に思いつくことは何でしょうか。その一つは、「リスク対策」です。ここまで、「ロジックモデルはまず、よい方に転ぶ話から考える」ようにしてきました。

が、現実には、何事にもよい面と悪い面があるのが普通です。第2章でも触れたように、特にSDGs達成に貢献しうるようなよいポテンシャル（潜在性）を持った製品・サービスであれば、それが招きうる負の影響に敏感であることは重要です。

逆転の発想でＳＤＧｓに貢献する

ここで考えるべき負の影響は、主にアウトカム段階での、環境や社会への影響でよいでしょう。経営の観点からは、アウトプットの時点で、「おいしくなかった」「似たような駅弁がすでにたくさんあった」「価格競争力がなかった」といった理由であまり買ってもらえないという状態を回避するのが非常に重要であることは言うまでもありません。が、それでは普通のビジネスとも同じなので、ＳＤＧｓが期待するような、持続可能性に向けた「大胆な変革」につながるビジネスと呼べるかどうかという課題に焦点をあてるのです。

最初に書き出したメモでは、駅弁の弱点として「供給力が限定的なので人気が出すぎても作れない。弁当箱や包装材などの廃棄物の発生。特にプラスチックごみ」という点を挙げました。

これをＳＤＧｓの観点から考え直すと、「供給力が限定的」という部分については、持続可能な食料生産システムと胸を張って言える範囲までは、供給力を増やす努力をすればよいと考えられます。ただ、人手も足りないところに残業で対応しよう、とするのは「強制労働」の観点からＮＧです（強制労働の根絶についてはターゲット8・7に明記されています）。

次の「弁当箱や包装材などの廃棄物の発生」は、お弁当ビジネスで必ず発生する環境側面の課題です。車中や駅で捨てる場合、分別を促すのか、それが可能なのか、生分解性プラスチックを容器に使うのか、さらに新素材を採用するのか、コストが合うのか……といったことを、現地の廃棄物処理の事情に合わせてよく検討しておくことが必要です。

ただ、この負の影響を最小限に抑えようという検討を通じ、さらにSDGsのターゲット12・5「2030年までに、廃棄物の発生防止、削減、再生利用及び再利用により、廃棄物の発生を大幅に削減する」に寄与することもできるでしょう。

12・5を読むと、そのすぐ近くには12・3「2030年までに小売・消費レベルにおける世界全体の一人当たりの食料の廃棄を半減させ、収穫後損失などの生産・サプライチェーンにおける食料の損失を減少させる」というターゲットがあることに気が付きます。

駅弁の製造工程での食品ロスを減らしたり、おいしくて適量の食事を提供することで食べ残しを減らしたりすることも、SDGs達成への貢献になるわけです。しかし、食べ残しの有無を弁当販売後に計測するのは現実的には非常に困難だとも思われます。

ただ、最近ではおいしそうな駅弁を前に写真を1枚撮る人が多いです。そこで、「食べ終わって空っぽになった写真を1枚アップしてください」といったキャンペーンを打つことで、ＰＲ兼完食率の推定に役に立つかもしれません。後でも述べますが、「ＳＤＧｓ達成に貢献しています」と言うからには、それを客観的に示せるようなデータ取得が非常に大切です。

社会のお困りごとの解決にこだわる

ここまで、「わくわくする」製品・サービスを起点にしてロジックモデルを作成し、そのよい面を伸ばしたり、負の影響を回避してひっくり返したりすることで、やがてＳＤＧｓ達成に貢献することにつながるという思考回路を整理してきました。

「でも、環境配慮型製品の開発や売り込みについてはこれまでもたくさん考えてきたし、上からはもっと新しいことをやれ、と言われているんだよなあ」という方もいるかもしれません。わくわくする製品・サービスを起点とした取り組みは、「できることから始めた」とも言えるため、「まったく新しい貢献」を考えたい場合にはやや、物足りなくなる可能性はあります。

そこで、次にしたいことは、ロジックモデルの右と左をひっくり返す、という発想の転換です。つまり、ＳＤＧｓのゴールやターゲットを横長の紙の一番左に最初に置くのです。

SDGsのゴールやターゲットの達成のために、必要な条件を考え、そこから遡っていくというわけです。「ゴールを左側に置く」ことによって、必然的に環境・社会的課題起点の取り組みを考えることになります。よく、「バックキャスティング」とも呼ばれる考え方です。

では、どのゴールやターゲットを一番左に置くのか？　ということがまず、最初の検討項目になります。現時点での事業に必ずしも関連していなくてもよいので、あなたが（あるいはあなたの企業が）、これは自分のビジネスを通じて解決したい、と思えるものを選ぶことが重要です。

と言うと、「そうは言っても、広すぎて選べない」という場合もありそうですが、あまり複雑に考える必要はありません。企業に対する期待が何かについてはSDGsに書いてありますし、「あなたが（自社が）大切だと思う課題」になるわけですから、突飛すぎるのではないかといった心配も必要ではありません。

社外のリソースを活用しよう

ゴールを左側に置くために、事前の準備体操としてやっておきたいことは、「社会のお困りごとを知る」、すなわち「社会で今、課題になっていることを知る」です。

それこそ、SDGsの17の目標がそのまま課題の裏返しだから、それはいまさら不要では？　という疑問も浮かぶかもしれませんが、SDGsに書いてあることは世界全体の共通言語としての目標やターゲットであるため、改めて、「自分から見える」景色の中での課題を定義してみます。

再定義して、結局、先にやった「わくわくすること」のロジックモデルが行き着く先にあるSDGsのターゲットが課題として浮かび上がってきても構いません。それでも一度、思い切りローカルに、社会的課題について考えてみましょう。

日本国内の課題を考えてみると、おそらく、超高齢化と健康、人口減少の問題、情報格差や所得格差、地域格差の問題、なかなか進まない地球温暖化対策、子どもの虐待やいじめ、農業や林業の担い手不足、などが出てくるのではないでしょうか。

これでもまだ抽象的ですが、一度、この程度のレベルで構わないのでキーワードを決め、少なくとも過去1年分、できれば5年分程度の関連するニュースをざっと調べて読んでみることをお勧めします。そうすると、自分が特にどこに関心があるのか、おぼろげでも浮かんでくると思います。

例えば同じように「高齢化」が課題だと思う人が、同じチームに2人いたとしても、よくよく「どんな場面の高齢化」が気になるのかを聞いていくと、かなり違うということは往々にしてあります。片方の人は農業や漁業における従事者の高齢化に伴う人手不足や後継ぎ不足を思い浮かべ、もう片方の人は、郊外の空き家問題や、高齢になったからといって都会のマンションへの住み替えしかないような選択肢は嫌だと、思い浮かべるかもしれません。

このように、ざっくりとした「課題」の中でも自分がどの辺に特に強く気持ちを動かされるのかといったフィルターをかけて見ていくと、徐々に課題が身近なものになり、日々のニュースに接する中でも情報の飛び込んで来る方法が変わってくると考えられます。

当然、企業として実施する場合は、個人の気持ちよりも、「わが社にとっての高齢化という課題はどういうことか」になるでしょう。1人で検討するのではなく、チームを組んで意見を出しあってみることが有効になるのは言うまでもありません。

会社として検討を行う際には、今ある事業や強みに引き付けた議論が行われることでしょうが、この段階では実現可能性にはあまり引っ張られず、「とにかくこれをなんとかしたい」という意識の共有が大切です。

なお、ここであえて「あなたの関心」を強調するのは、誰かに言われてやるのではなく、自分の中から湧き上がってくるような力こそが、大胆な変革を求めるSDGsの取り組みに求められているからです。「あなたの関心」が、会社としての関心に合致しないときもあるかもしれませんが、それはあくまでも結果であり、強い気持ちをぶつけあうことに大きな価値があると思われます。

「社会のお困りごとを知る」ための方策として、関心のある分野で活動するNPOの話を聞くことも、視野を広げる効果があります。NPOの場合、「非営利組織」という名前が示す通り、企業とは違い、事業によって投資収益を増やすことを第一目的とはせず、特定の社会的課題解決を第一のミッションとしています。したがって、普通の企業とは違った「ものさし」で物事を見ており、活動する社会的課題の分野においてその課題解決のための経験を有していると言えます。もっとも、NPOだからすべていいわけではありませんが、日常的な仕事の中で接点があることは少ないと思われるため、積極的に情報収集してみることが第一ステップとなります。

NPOがどうしても見つからない場合には、自治体との接点を活用することも一案です。自治体のホームページを見て、もし首長がSDGsに触れているなどすれば、話のできる担当者がいるかもしれません。

バックキャスティングモデルを描く

さて、バックキャスティングの起点となる、SDGsのターゲットが決まれば、次は、手順としてはアウトカムのカードをどう出すか、ということになります。ただ、ゴールの次のレイヤーが「アウトカム」だというのは言葉としてもやや分かりにくいため、ここではアウトカムやアウトプットという言葉は横に置いておいて、「ゴール⇓長期的な変化⇓中期的な変化⇓短期的な変化⇓現在取り組むべきこと」という5階層程度とすることをお勧めします。

「短期的な変化」が先のロジックモデルでのアウトプット、「中期」「長期」がアウトカムになるとお考えください。ゴールを右に置いたときには、現時点の製品・サービスから話をなるべく広げていって、登場人物をたくさん思い浮かべていくことが面白くするためのコツでした。

他方、バックキャスティングの場合は大きなゴールから現在の取り組みまでスケールダウンしていく思考回路になりますので、最初は、「因数分解」的に考えてみることが有効です。「何と何が起これば、このゴールが達成できるのか」の、最も基本的な「何と何」を考えるのです。

今度は例を気候変動にします。一番左に置くSDGsのゴールを、「目標13　気候変動及びその影響を軽減するための緊急対策を講じる」としましょう。さらに、SDGsの後に採択されたパリ協定に基づき、気温上昇を「1・5～2℃未満に抑える」ことを明記しておきます。

気候変動対策の根幹は、人間活動による温室効果ガス排出量を減らすことです。温室効果ガスの主因はエネルギー使用であることから、大まかには、エネルギーの使用をできるだけ効率化させて最小限にしつつ、その供給源を化石燃料から再生可能エネルギーに代替していくことが中心的な手段です。SDGsではターゲット7・2「2030年までに、世界のエネルギーミックスにおける再生可能エネルギーの割合を大幅に拡大させる」が再エネ拡大、ターゲット7・3「2030年までに、世界全体のエネルギー効率の改善率を倍増させる」が省エネに該当します。

気候変動は、電力、ガス、石油・石炭などのエネルギー関連業種でなかったとしても、そうした業種が使う機械（例えば発電機やポンプなど）や、電気やガスで動く機械・機器類のメーカーにとって、幅広く関わりがあります。また、エネルギーは誰でも使わざるを得ない資源であるため、エネルギーをあまり使わないような業種であっても、活動している社会に

図表 20　ゴールを左側に置く①

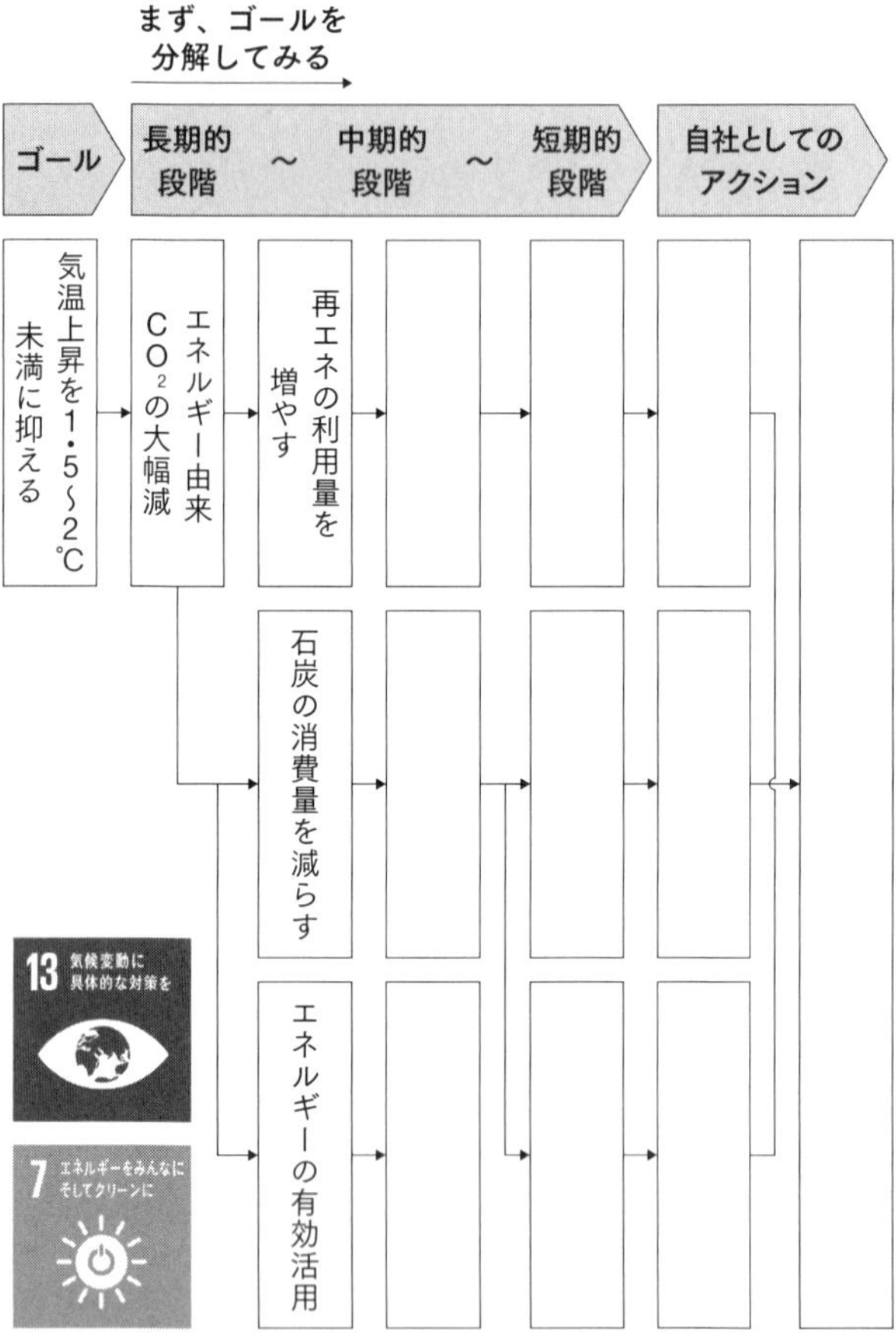

［出所］筆者作成

おける発電方法や、エネルギーの買い方とはつながっています。

一番左に「1・5～2℃未満に抑える」を置いて、次に、「エネルギー由来CO_2の大幅減」とします。大幅削減するには、特にCO_2の排出量が多いのは石炭であることから、重点的にそこを攻めていくことが求められています。そこで、「石炭の消費量を減らす」、などと続けます。

これで、図表20のように、遡ってつくるバックキャスティングモデルの左側三分の一ぐらいができました。

迷ったときは、SDGsの精神に立ち返る

さて、この辺りからは、あなたの会社がどのようにエネルギーに関わっているかによって、モデルの広げ方が変わってくるでしょう。思いつくものはいくつでも書くとしても、完全にすべてを網羅した「枝分かれ」をつくり上げるのは難しいと思っておきましょう。

石炭の使用量が世界的に減っていくとすると、現在、石炭で収益を上げている企業であれば、石炭の将来性を見切って他の事業にシフトするか、あるいは、ニッチな存在としてあえて石炭スペシャリストとして張っていくか、という選択肢が生まれます（なお、2018年

時点で石炭火力発電が減っているのは先進国に限られます）。

「究極の選択」のような場合にはＳＤＧｓの精神に立ち返りましょう。ＳＤＧｓが目指しているのは「経済、環境、社会」の３つが調和した、サステナブルな世界です。発展途上国では旺盛なエネルギー需要を満たすために石炭火力発電の稼働が増えていますが、そうすると、地球全体で見て温室効果ガス排出量を減らすどころか増やす方向に動いてしまいます。実際、２０１８年の全世界の温室効果ガスの濃度は過去最高を記録してしまいました。[3]

皮肉なことに、気候変動によって頻発が懸念されている異常気象の影響をより大きく受けるのは、沿岸部に人口が集中しており災害対策の脆弱な途上国であると考えられています。[4]つまり、途上国自身が、石炭火力発電以外で、安価で大量のエネルギーを安全に使える方法を選択できる状態にならないと、特に途上国自身にとって深刻な異常気象リスクがやってくることになります。

ＳＤＧｓに取り組む、という文脈でこのバックキャスティングモデルを作成するのであれば、「石炭の消費量が減った世界の状態」から導くべきアクションは、「石炭関連のビジネスから撤退し、他の儲けのネタにシフトする」です。

石炭を止めて、失業して貧困に陥ることを目指しているわけではありません。将来世代の立場を強く考慮しつつも、今日・明日の生活の糧を奪うことは人間としてはやりにくいことです。

こう考えると、例えば、これまで石炭関連の仕事に従事していた技術者には、仕事の分野を変えてもらう必要が出てきます。人手不足の技術分野といえば、ビッグデータを扱うデータサイエンティストであるとか、人工知能（AI）分野、もっと広くプログラミング教育のできる人材が思い浮かびます。

こうした分野に仕事の領域をシフトできるよう教育訓練を行う、それで雇用も生活も守るということも、SDGsに取り組むという文脈における気候変動対策であると思われます。

教育訓練よりも前に、すでに起こっていることとしては、再生可能エネルギー発電の中でもバイオマス発電は燃焼技術を必要とすることから、火力発電の経歴を活かした再エネ人材採用が始まっています。

バックキャスティングの図に戻ると、右半分には、エネルギー関連の企業も登場できますし、教育サービスの企業も登場できます。ここでは、人材派遣事業を想定し、図表21のように描けました。

図表21　ゴールを左側に置く②

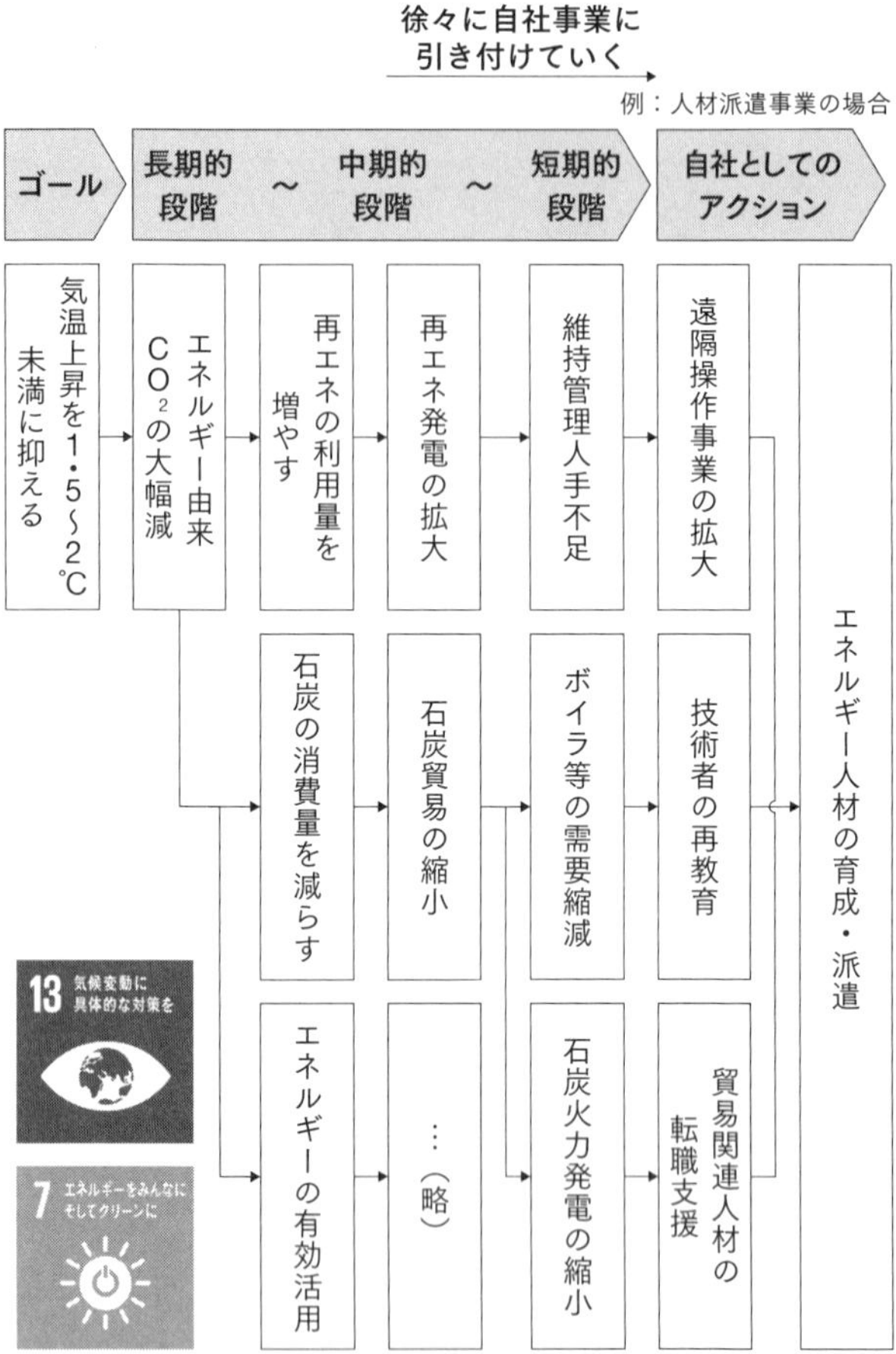

［出所］筆者作成

3　なぜSDGsでは「誰一人取り残さない」のか

フランスで起きた「黄色いベスト運動」

第1章で紹介したように、SDGsの基本理念は「誰一人取り残さない」です。一直線に化石燃料を減らすことは「大胆な変革」に値しますが、それだけに注目するのではなく、どんなに正しい選択であったとしても必ず発生しうる、短期的な負の影響に対する目配りが必要です。

2018年の冬、フランスでは、毎週末「黄色いベスト運動」と呼ばれるデモが続きました。きっかけは、マクロン大統領の政権による、気候変動対策の強化への反発でした。ガソリンや軽油などに増税することで、化石燃料に頼る交通量を減らそうという政策でしたが、クルマなしに生活できない地方の生活者や、他の手段にすぐに乗り換えられない低所得層などから反発が出たというわけです。デモの連続は、フランスの安全状況にも影響を与え日本では外務省が渡航者に対する注意喚起を行いました。

気候変動対策の観点からSDGsの求める「大胆な変革」を考えると、現状の延長線上の生ぬるい対策では2℃目標という目的を達成できません。そういう意味では、マクロン政権が「今すぐに、ここまでやらないと手遅れになる」という危機感で政策強化を行うことは妥当だったはずです。ところが、足もとで深刻化していた格差問題への配慮が足りなかったために、「大胆な変革」から取り残されてしまった人たちから反発を受け、結局増税は延期に追い込まれてしまいました。

マクロン政権は、気候変動対策のあり方を含めて国民と対話をすることを発表し、フランス全土で10回以上の討論会を実施しました。支持率はやや回復したものの、デモそのものには過激派も便乗を始めるなど、春になっても事態が終息したとは言えない状態が続きました。

フランスの「黄色いベスト運動」は、「誰一人取り残さない」と「大胆な変革」の両立の難しさを教えてくれました。第1章で、サステナビリティについて考えるときは、「立場を変えて問題を見てみる」としましたが、「誰一人取り残さない」も私たちにそれを促しています。

ここまでのことを、一企業のＳＤＧｓへの貢献の取り組みで考える必要はないかもしれませんが、「今までやってきたことと何が違うのか」という視点での頭の体操になると思われます。

ロジックモデルからKPIを見つける

さて、SDGsをロジックモデルの右側に置いたり、左側に置いたりして、あなたの事業とSDGsのつながりや、SDGsから遡って今からやるべきことについて検討してきました。

いずれの過程でも、矢印がいくつも出たり入ったりするなど、重要なカードがあったのではないでしょうか。矢印の数に限らず、「ここが、いい方向に転ぶかどうかの分かれ道」のようなポイントがあったのではないかと思います。

こうしたポイントは、ロジックモデルの道筋における重要な分かれ道であり、そこで見るべき指標こそがKPI（Key Performance Indicator）にふさわしいと考えられます。

環境関連の製品・サービスを起点として右にSDGsを置く場合は、KPIを決めたりそれを定量的に把握したりすることは、比較的イメージしやすいです。例えば、再生可能エネルギー発電事業であれば、①どれだけ売電できたか、②それがどれだけのCO_2削減になったかの2点が重要です。リサイクルの事業であれば、①何を何トンリサイクルできたのか、②リサイクルすることによって節約できた資源は何トンか、によって貢献と見ることができます。

他方、社会面の課題解決に資する製品・サービスの場合、例えば健康関連サービスを利用した人の人数は分かっても、実際に健康状態が改善したのかというのを測るのは一筋縄ではいきません。もし、新たな製品・サービスや事業立ち上げを行う場合には、「どう測るか」を織り込んでおくことが重要になります。

「どう測るか」の一例としては、国内では「ソーシャル・インパクト・ボンド」と呼ばれる仕組みの先行事例が参考になります。神戸市[5]や八王子市[6]のヘルスケア分野の取り組みです。社会的リターンの多寡が事業の経済性を左右する仕組み（成果連動型の報酬支払いと呼ばれます）のため、細かく、しっかりと調査されている例と言えます。

開発援助や、寄付活動の評価も参考にする

ＫＰＩを決めたり、その評価方法を決めたりするために、政府開発援助（Official Development Assistance：ＯＤＡ）や寄付活動で実践されている評価手法も参考になります。

こうした分野は、「事業で社会的課題解決に貢献しよう」という意欲が強い立場から見ると、「いまさら援助？　寄付？」と思われるかもしれません。

しかし、もともと、援助や寄付の担い手は、資金提供者に対する説明に工夫を重ねてきました。株式会社が株主に利益処分の説明を必ず行うのと同じように、援助や寄付の出し手に対して成果を説明できなければ、継続的な支援は期待できなくなります。資金提供者は、「金銭的リターンはない（または小さい）が、社会的リターンがある」ことを理由に資金を提供しているわけですから、社会的リターンの説明方法のノウハウについては必然的に蓄積されることになります。

こうした社会的リターンの評価方法は、「社会的インパクト評価」などと呼ばれます。社会的インパクト評価について関心のある方は、内閣府NPOホームページの調査報告書[7]や、社会的インパクト評価イニシアチブ[8]の取り組みを参考にしてください。

デジタル技術を使って「見える化」を進める

SDGsも、デジタライゼーションの影響を受けます。悪い方の影響を先に挙げておくと、「情報格差」が「所得格差」の原因になってしまうところです。SDGsでは目標1で「あらゆる場所のあらゆる形態の貧困を終わらせる」としているように、貧困撲滅を強く訴えています。

国際的な貧困ラインである1日1・25ドル未満で生活する人を減らすだけではなく、ターゲット1・2では「2030年までに、各国定義によるあらゆる次元の貧困状態にある、すべての年齢の男性、女性、子どもの割合を半減させる」としています。つまり、日本であれば日本国内での相対的貧困率を、半減させるべしと言っています。

相対的貧困とは、所得で見て平均の半分に満たない人が該当し、日本の相対的貧困率は15・6％（2015年の国民生活基礎調査結果により、地震のあった熊本県を除く値）に達しています[9]。先進国35カ国の過去20年の貧困率の推移を見ても、一桁の国から20％近い国までありますが、全体的にさほど改善していない状況です[10]。

他方、技術の進化によってできることとしては、例えば、各国内及び各国間の不平等を減らすという目標10のもと、ターゲット10・cでは「2030年までに、移住労働者による送金コストを3％未満に引き下げ、コストが5％を超える送金経路を撤廃する」とあります。海外送金にかかる手数料を下げるために、フィンテック（金融とITの融合）や、送金する人と受け取る人をマッチングさせる技術、ブロックチェーンなどの新たな技術がすでに数多く現れています。

また、これまで評価しにくかったようなことも簡単に評価できる可能性が出てきました。

米国のある美術館では、来場者が美術館から出る際に、出口のところで笑顔かどうか、という解析サービスを検討していると言います。来場者向けの満足度調査の一端ではないかとも見えますが、ポイントは、来場者自身は何もしなくても、決められたゲートを通るだけで「いい笑顔」をしているかどうかが分かる、ところにあります。

「笑顔指数」が上がっていけば、この美術館は顧客満足度を上げていると言えるでしょう。また、好意的な気持ちで退場する人ほど、この美術館を再訪してくれるかもしれません。さらに、美術館として満足度の高い、品質のよい展示を行っていたということになれば、文化面での豊かな生活向上に寄与していたと考えることが可能です。

デジタル情報として表情を集めたりすることの是非は、国によって個人情報保護の制度が異なりますし、実施するとなると賛否両論が出るでしょうが、成果の測り方について議論を重ねることはSDGs達成に貢献するという観点で今後ますます重要になってくると考えられます。

パートナー探しにもつなげる

最後に、ロジックモデルを通じたパートナー探しについて触れておきます。ロジックモデルのカードを並べていくと、SDGsのゴールを右側に置いたときも、左側に置いたときも、全体の流れの中で自社だけでできることというのが限られていることに気が付かれたと思います。

また逆に、誰か会社の外の人で、「こんなふうに動いてくれたら、うまくいくな」と思うようなポイントも出てきたのではないでしょうか。

そうしたところは、SDGsへの取り組みを進めるために必要なパートナー探しの手がかりになります。

既存のバリューチェーン上に候補者がいるとは限りません。特に、政府・自治体や非営利組織、ソーシャルビジネスの主体などは、通常のバリューチェーンでは「顧客の類型の一つ」かもしれませんが、SDGsへの取り組みにおいては、新たな役割が考えられます。

例えば、「こんな制度があればいい」「地域に密着して活動したい」が自力ではやりきれないといった場合です。最近様々な地域で取り組まれている、SDGsの取り組みプラットフォームに参加してみるのも助けになるでしょう。

SDGsの17番目のゴール本文に「グローバル・パートナーシップを活性化する」とありますが、こうした新たなパートナー探しは、このゴールにも通じることになります。

パートナーを見つけるだけではお金は動きにくいので、ＳＤＧｓに関する「ビジネス機会」としてはあまり取り上げられないのですが（例えば55ページの図表10）、実は、実際に取り組みを進めるためには非常に重要な側面です。だからこそ、17のＳＤＧｓの最後を飾っているのだとも言えます。

第5章

SDGsの取り組みテーマを選ぼう

1 複数のターゲットを組み合わせ、革新的な取り組みアイデアを生み出す

日本で注目される9つのテーマ

本書を手に取った皆さんの中には、「今の仕事はSDGsの達成にどう結び付くのだろう」、または「SDGsの達成に貢献する取り組みを新たに検討してみよう」と考えている方もいらっしゃると思います。そこで本章では、日本企業や政府・自治体が現在取り組みを進めている、または高い関心を寄せているテーマを9つ取り上げ、それらに関連する国内外の動向と共に事例をSDGsの視点で読み解いていきます。

ここでは、それぞれの取り組み内容とSDGsの169のターゲットとの関係に注目していきます。このターゲットは、SDGsの17の目標を達成するために具体的にこんなことを実現しましょうということを示したもので、SDGsの下位目標や具体目標とも呼ばれています。169のターゲットを読み解くことで、「これにはすでに取り組んでいる」「今の取り組みに少し手を入れればできそう」「こういうことに挑戦してみたい」など、様々な気付きが得られることでしょう。

SDGsの17の目標は相互に影響しあっていて、ある目標を達成することを目的にした取り組みが、他の目標の達成にも大きく貢献するということが容易に起こりえます。そのため本業として取り組んでいるビジネスやCSRプログラムなどは、複数のターゲットをすでに含んでいる可能性が十分あります。

またSDGsの取り組みを新たに考える場合に、ターゲットを複数組み合わせてアイデアを発想する、という方法もあります。「イノベーションとは新結合である」というシュンペーターの言葉に従えば、複数のターゲットを組み合わせることで、イノベーティブなビジネスアイデアが生まれるかもしれません。

第1章で触れた「SDGs実施指針」には、経済、社会、環境の様々な課題を踏まえた上で、日本に暮らす私たちが、何を優先して取り組むべきかが示されています。ここでSDGsに関する動向や事例を取り上げるにあたり、SDGs実施指針に取り上げられているテーマの中から、昨今企業や自治体が特に関心を寄せている以下の9つに触れていきたいと思います。

女性の活躍

教育と職業訓練
健康と長寿の達成
安全で住みやすいまちづくり
エネルギー利用やCO_2の削減
持続可能な消費
海洋プラスチックごみの削減
森林や生態系の保護
科学技術・イノベーションの創出

すでに政策や法制度が整備されている内容も多いので、「これならうちの会社ではすでに取り組んでいる！」と思った方も多いことでしょう。各テーマと関係が深い事例については、ターゲットとの紐付けを試みています。皆さんが働いている企業や自治体の取り組みとSDGsの紐付けをする際の参考になれば幸いです。

なお、各企業や自治体の取り組みがもたらす社会的インパクトを丁寧に見ていくと、おそらくここでの解説よりもさらに多くのターゲットが含まれる場合が出てくると思います。ここでは議論をシンプルにするために、主なターゲットのみを取り上げることにしています。

2 女性がますます活躍する社会をつくるには

なぜ「女性活躍」に注目が集まったのか

2015年、「女性の職業生活における活躍の推進に関する法律（女性活躍推進法）」が成立し、メディアを中心に「女性活躍」という単語が一気に広まりました。

1986年に男女雇用機会均等法が施行されたものの、実際には女性が望むような働き方やキャリア形成ができなかったり、出産や育児などでいったん離職してしまうと、再就職する際に非正規雇用になることが多く、不安定な雇用形態や低い賃金を強いられやすいという課題が女性に多く見られました。もちろん、仕事やその他の活動への参画における男女格差を解消するために、日本政府は様々な施策を推進してきましたが、女性活躍推進法をきっかけに女性活躍に注目集まったのは理由がありました。

それまでの男女の格差解消は企業の自主性に委ねられていましたが、女性活躍推進法では、社内で働く女性がどんな課題を抱えているのかといった現状把握と課題分析を行い、課

図表 22　女性の活躍に関する主なターゲット

ターゲット	概要
5.1	あらゆる場所におけるすべての女性及び女児に対するあらゆる形態の差別を撤廃する。
5.4	公共のサービス、インフラ及び社会保障政策の提供、ならびに各国の状況に応じた世帯・家族内における責任分担を通じて、無報酬の育児・介護や家事労働を認識・評価する。
5.5	政治、経済、公共分野でのあらゆるレベルの意思決定において、完全かつ効果的な女性の参画及び平等なリーダーシップの機会を確保する。
5.b	女性の能力強化促進のため、ICTをはじめとする実現技術の活用を強化する。
8.5	2030年までに、若者や障がい者を含むすべての男性及び女性の、完全かつ生産的な雇用及び働きがいのある人間らしい仕事、ならびに同一労働同一賃金を達成する。
8.8	移住労働者、特に女性の移住労働者や不安定な雇用状態にある労働者など、すべての労働者の権利を保護し、安全・安心な労働環境を促進する。

［出所］外務省仮訳[3]のターゲットに基づき、筆者作成

題解決にふさわしい数値目標と行動計画を作り、それらの情報を発表することを義務付けたのです[1]。

その上で、SDGs実施指針でも女性活躍の推進が取り上げられています。

2018年12月21日にSDGs推進本部が公表した「SDGsアクションプラン2019」では、日本が注力する3つの取り組み内容の一つに、「SDGsの担い手として次世代・女性のエンパワーメント」が掲げられていま

す[2]。つまり、日本政府は日本のSDGsの取り組みの柱として、女性が活躍する社会をつくっていくという意思を、国内だけでなく国際社会に向けて発信しているのです。

女性の活躍支援についての取り組みを顕著に示しているのは、ターゲット5・5でしょう。ターゲット5・5は女性が幹部社員として企業の意思決定に参画することや、政治上でリーダーシップをより発揮できるような取り組みをしましょうという内容です。

またターゲット5・1、5・4、8・5、8・8では、女性が差別されることなく安心して働くことのできる職場環境の整備、女性が働きがいをもって仕事に取り組むための支援、そして育児や家事と仕事を両立できるような配慮をしていきましょうと読み解くことができます。

これらは女性が働くための前提条件を整えることだと言えるでしょう。

ターゲット5・bは、インターネットや各種コミュニケーションツールを使って、女性が自宅や外出先などオフィス以外の場所で仕事できるようにしましょうという内容です。最近では働き方改革や柔軟な働き方の一つとして、リモートワークやテレワークなどの導入を進める企業が増えています。

「なでしこ銘柄」に６年連続で選出されたカルビー

女性活躍推進に積極的に取り組む企業として、日本を代表する菓子・食品メーカーのカルビーを見てみましょう。２０１２年度から、経済産業省は東京証券取引所と共同で女性活躍推進に優れた上場企業を「なでしこ銘柄」として選定していますが、カルビーは６年連続で選定されています[4]。女性活躍におけるいわば超優良企業なのです。

カルビーでは「女性の活躍なしに、カルビーの将来はない」というトップ（当時）のぶれない姿勢のもと、女性の活躍を推進するキャリア支援や制度づくりを推進し、時短勤務の女性執行役員や国内初の女性工場長の誕生など、様々な成果を上げてきました。２０１０年に「２０２０年女性管理職比率30％達成」を目標に掲げており、２０１５年には19・８％、２０１８年には26・４％へとその比率を着実に上げています[5]。

２０１８年の日本全体での女性管理職の割合が平均７・２％[6]ということを考えると、この比率がいかに大きいかがよく分かります。カルビーがＳＤＧｓターゲットの５・５の取り組みを強力に推進した結果が表れています。

従業員が働きやすい組織づくり

カルビーの女性管理職が多い背景には、能力が同じ場合には女性を優先して管理職に登用するという方針で進めてきた点が挙げられます。男女関係なく優秀な人材を登用することが最優先、ということを企業の方針としていますが、女性が優先されることを男性差別だと捉えた社員もいたかもしれません。

しかし、当時のカルビーの会長や社長は女性登用を含めてダイバーシティの推進を譲らず、「嫌だったらよその会社に行ってくれ」という姿勢を貫いていました。[7] 女性の管理職が増えることで男性の部下も増えるという「違和感」を、試行錯誤しながら乗り越えて仕事を進めることで、働き方に対する考え方が変化し、多様化していくことが真の狙いだったのではないかと思います。これはSDGsターゲットの8・5の実現に取り組んでいる好例でもあります。

また、育児休業や育児時短勤務、家庭と仕事の両立のための費用補助制度などの様々な支援制度だけでなく、女性社員の「キャリア研修」や豊富なマネジメント経験を持つ執行役員が、管理職の女性従業員をサポートする「メンター制度」を実施するなど、女性がやりがいをもって成長するための様々な取り組みも推進しています。[8]

これらの支援制度は他の企業にも見られる取り組みで、カルビーが際立ってユニークだというわけではありません。しかし、カルビーの場合はトップのメッセージが常に明確であり、女性活躍の推進に強力にコミットしていることがポイントです。もちろんこれらの支援制度は女性が活躍するための環境づくりではあるのですが、カルビーでは従業員がいきいきと働くことを阻害する要因は企業として解消すべく支援をしていくことが基本姿勢なのです。

バックオフィスで再就職を支援する

女性が活躍するための社内制度や企業文化を醸成する取り組みを行う企業がある一方で、子育てや配偶者の転勤などを理由に企業を退職した女性が、再び企業で働くことやフリーランスとして活躍するなど、女性の多様な働き方を積極的に支援する企業やＮＰＯ法人がありま す。その一つがＷａｒｉｓ（以下、ワリス）です。

ワリスは２０１３年創業の人材サービス企業です。「一人一人が思い描くキャリアビジョンに沿って必要な経験を選択し、より積極的に自らのキャリアをデザインできる」ことと、「自由度が高く、柔軟なワークスタイルを実現し、誰もがやりがいを持って働き続けることを可能に」することを自らの果たすべき使命として掲げており、女性だけでなく企業向けに様々なサービスを提供しています。現在、ワリスの顧客企業は1700社、登録者は全体で1万人以上に上ります[9]。

その一つが、女性の再就職を支援する「Warisワークアゲイン」です。ワリスでは、ベンチャー企業のバックオフィス（いわゆる管理部門）を担うためのプログラムを提供しています。プログラムではバックオフィス業務を行うにあたって必要な基礎スキルの習得（人によっては学び直し）、履歴書の作成指導、面接対策を提供するだけでなく、ベンチャー企業との出合いの場を一貫して提供しています。

多くのベンチャー企業では、創業者やコアメンバーが業務の拡大に伴ってどうしてもバックオフィス業務もやらざるを得ず、本来注力したい製品やサービスの開発や営業の時間を十分に取れないという課題を抱えています。そのため総務や人事、経理など幅広い管理業務を支えるバックオフィス職はベンチャー企業からの引き合いが多く、再就職を検討する女性にはチャンスです。

そのほかに、ワリスでは再就職を希望する女性がスムーズに企業で働くための場として、「キャリアママインターン」というインターンシップ（就労体験）プログラムも提供しています。インターンシップ期間は1～3カ月程度で、ワリスと契約した企業へのエントリーと選考の後、インターンが始まります。[10]

これまで、日本航空（JAL）、日本たばこ産業（JT）、サイボウズなどの大手企業がワリスのインターンシップ制度を採り入れており、インターン終了後にそのまま再就職した女性も現れています。

インターンを募集する業務は各企業によって異なりますが、インターンとして採用した女性のスキルやキャリアに応じて配属先と業務内容が決まる仕組みです。インターン期間中には時間給のかたちで報酬が支払われるほか、交通費も支給されますし、勤務日や勤務時間は相談に応じて柔軟に対応する企業がほとんどです。

フリーランスが変える企業の未来

ワリスが提供するこれらのプログラムは、仕事の感覚を取り戻すだけでなく、子育てや家事を含めた日々のサイクルを体験することができるので、女性にとって再就職に向けて具体的なイメージをつかみやすいことが大きなメリットと言えるでしょう。キャリアママインターンは、年齢や離職後の期間に制限を設けていないので、離職して10年以上の方も参加しています。インターンシップの効果として、参加した女性の8割以上がインターン先だけでなく他の企業への再就職をしています。

ワリスでは女性の再就職支援以外に、豊富な知識と経験を持つ総合職の女性をフリーランスとして抱え、プロジェクトなどの単位で企業の仕事を切り出して受託する事業も行っています。ワリスが抱えるフリーランス人材は、大手企業での総合職やコンサルティングファームなどで15年ほど経験を積んだ人材に特化しています。

フリーランス人材の専門領域は、事業戦略や経営企画、マーケティング、広報、人事、経理・財務など多岐にわたります。平均年齢は38歳で、大卒が85%、院卒が12%、ビジネスレベルの英語力を持つ人が36%と、ハイスキルな人材がそろっていることが特徴です。[11] ワリス側でそれぞれの経験や専門領域を把握することで、企業の要望を踏まえて、適切な専門人材を組み合わせてチームで対応しています。

企業側は業務を切り出すことで、業務量に応じて必要なときに専門人材を投入することができるため、人件費を変動費化することができます。月額29万円程度（週3日・1日7時間稼働を想定）から業務を発注することが可能で、[12] 大きなコストメリットを享受できます。またハイスキルな人材が多いため、即戦力として業務を任せることができるのもメリットです。

フリーランスとして働くことは女性側にももちろんメリットがあります。ワリスが登録人材を対象に行った調査によると、子どもを抱える女性の多くが、通勤時間の長さに課題を感じています。カルビーのように時短勤務制度を整えている企業は多いのですが、往復の通勤時間を含めると育児、家事、仕事を両立させるための時間管理に追われる女性が少なくないのです。

ワリスのフリーランス人材は、業務内容や委託元の企業の条件などとマッチすれば、働く時間や働く場所を柔軟に選択することができます。地方に住んでいる女性が、東京の企業の仕事を請け負うといった例もあります。自分の専門領域を活かした業務を任せられるので、育児などで離職した女性が再就職する際の選択肢の一つとしてだけでなく、自分のキャリアをより活かした仕事をしたい女性がフリーランス人材としてワリスに登録しています。

ワリスの再就職支援や専門人材の活用支援は、ターゲット8・5の「生産的な雇用及び働きがいのある人間らしい仕事」の達成だけでなく、柔軟な働き方に対応することでターゲット8・8の「安心な労働環境を促進する」、つまり安心して働くことができる環境整備の一役を担っていると言うことができます。

3 教育と職業訓練で、チャンスを掴み取る

所得を向上させ、貧困から抜け出す

人々が知識や技能を身につけることは、自分で考え、行動し、リスクを避け、そして様々なチャンスを掴み取るために非常に重要です。質の高い教育や職業訓練を誰もが受けられるようになれば、働きがいのある職を得ることができ（SDGs目標8）、所得を向上させ、貧困から抜け出すことができる可能性があります（SDGs目標1）。

また病気を予防し、日々を健康に過ごすために行動を起こすこともできるでしょう（SDGs目標2および3）。それだけでなく、仕事の効率や生活を飛躍的に便利にする技術やサービスを生み出し（SDGs目標9）、エネルギー使用量やごみを減らし（SDGs目標7と12）、森林や海など自然環境を守るための工夫や行動を起こすこともできます（SDGs目標14と15）。

このように、教育や職業訓練に関する取り組みを推進することは、他のSDGsを達成するためにも必要不可欠だと言えます。

図表 23　教育や職業訓練に関する主なターゲット

ターゲット	概要
4.1	2030年までに、すべての子どもが男女の区別なく、適切かつ効果的な学習効果をもたらす、無償かつ公正で質の高い初等教育及び中等教育を修了できるようにする。
4.3	2030年までに、すべての人々が男女の区別なく、手頃な価格で質の高い技術教育、職業教育及び大学を含む高等教育への平等なアクセスを得られるようにする。
4.4	2030年までに、技術的・職業的スキルなど、雇用、働きがいのある人間らしい仕事及び起業に必要な技能を備えた若者と成人の割合を大幅に増加させる。
4.5	2030年までに、教育におけるジェンダー格差を無くし、障がい者、先住民及び脆弱な立場にある子どもなど、脆弱層があらゆるレベルの教育や職業訓練に平等にアクセスできるようにする。
8.6	2020年までに、就労、就学及び職業訓練のいずれも行っていない若者の割合を大幅に減らす。
10.2	2030年までに、年齢、性別、障がい、人種、民族、出自、宗教、あるいは経済的地位その他の状況に関わりなく、すべての人々の能力強化及び社会的、経済的及び政治的な包含を促進する。

［出所］外務省仮訳のターゲットに基づき、筆者作成

教育や職業訓練に関しては、SDGs目標4「すべての人々への、包摂的かつ公正な質の高い教育を提供し、生涯学習の機会を促進する」には合致しますが、ターゲットを個別に見ると8・6や10・2などにも職業訓練に関する記載があります。ここでは企業がビジネスとして取り組む観点から、ターゲット4・1、4・3、

4・4、4・5、8・6、そして10・2に関する事例を取り上げます。

「スタディサプリ」が変える教育環境格差

教育事業を本業としている企業や、教育支援を行っているNPO法人などは、ターゲット4・1、4・3、4・5のいずれにも貢献している可能性が高いと言えます。代表的な事例として、リクルートマーケティングパートナーズが提供する「スタディサプリ」を見てみましょう。

「スタディサプリ（2011年のサービス開始時点では受験サプリ）」は、オンライン学習サービスで、月額980円（税抜）で有名予備校の講師の授業をいつでもどこでも視聴することができます。有名な塾や予備校に通えば学習効果の高い良質な教育を受けられますが、授業料は高価ですし、住んでいる地域によってはそもそも通うことが困難など、教育を受けられる人が限られます。

また対面の授業では教えられる生徒数にも上限があるだけでなく、講義時間は決まっていることから、生徒にとっても学びを得る時間に限りがあります。こういった所得差や地域差によって生まれる教育環境格差の解消と、「誰でも、いつでも、良質な教育を安価で学べる機会を多くの人に届けたい」[13]という思いから、スタディサプリは展開されています。

2019年4月現在では、小・中学生から大学受験生向けの動画コンテンツや学習ドリルを利用できるサービスに加え、日常英会話やTOEIC対策のプログラムなど英語を学びたい人向けの英語学習サービスを提供しており、日本国内の有料会員数は84万人規模に拡大しています。[14]

スタディサプリは、ターゲット4・1の「公正で質の高い初等教育及び中等教育を修了できるようにする」こと、4・3の「手頃な価格で質の高い（中略）大学を含む高等教育への平等なアクセスを得られるようにする」こと、そして4・5の「脆弱層があらゆるレベルの教育（中略）に平等にアクセスできるようにする」に貢献していると言えます。

またスタディサプリが提供する英語学習サービスは、10・2の「年齢、性別、障がい、人種、民族、出自、宗教、あるいは経済的地位その他の状況に関わりなく、すべての人々の能力強化（中略）を促進する」にも貢献していると捉えることができるでしょう。

また2018年時点で、スタディサプリは日本国内の約2600校に導入されており、生徒のレベルに合わせた学び直しや放課後の自習用教材として活用されています。生徒の基礎学力の向上だけでなく、教員が個別に生徒に対応する時間や負担の軽減にもつながる効果が

図表24　2012年当時のビバラ地区の状況

	ビバラ地区	エレブロ市
移民率	77%	43%
就業率	37%	58%
可処分所得	193,000クローナ（約231万円）	209,000クローナ（約250万円）

［出所］ÖrebroBostäder AB資料に基づき筆者作成
［注］1クローナ＝12円で換算

見込めることから、スタディサプリはターゲット8・5に貢献していると見ることもできます。

スウェーデンの住宅企業の取り組み

職業訓練プログラムを提供するだけでなく、実際の仕事を結び付け、ターゲット4・4、8・6や10・2に貢献している事例として、スウェーデンの住宅企業ÖrebroBostäder AB（以下、ÖBO）がスウェーデンの地方都市エレブロ市のビバラ地区で展開したホームビルダープログラムを見てみましょう。

スウェーデンの地方都市エレブロ市のビバラ地区は、1967年から70年にかけて開発されたニュータウンで、約7000人が暮らしています。ビバラ地区はエレブロ市全体と比べて移民の割合が高い地域で、教育レベルが低く、失業率が高いことが目立っていました。

2012年、住居の老朽化が進んでいたことから、同地区の再開発事業が5年かけて行われることになりました。事業を請け負うことになったÖBOはエレブロ市、地元の雇用開発センターなどと協力し、この再開発事業に失業中の地元住民の職業訓練と雇用を促進するホームビルダープログラムを組み込んだのです。

ホームビルダープログラムでは、地元の失業者を研修生として雇い、ÖBOの職人が各研修生のメンターにつく形で住宅建築に関する様々な技術の実地トレーニングが行われました。ビバラ地区の再開発事業は3期にわたって実施されることが計画されていたため、第1期でトレーニングを受けた地元の失業者を、その後の2期、3期の再開発事業で実際に雇用するという方法で進められました。

当初、最終的には50~80名の雇用を目標としていましたが、2016年時点で目標の達成は確実であるとÖBOはコメントしています。

同プログラムの社会的価値を評価したスウェーデンの研究者らによれば、経済効果は1400万米ドル相当であり、そのうち約2割がビバラ地区にもたらされる計算です。また就業率は65%まで向上すると試算されています[15]。

さらに職業訓練を受けた地元住民は、トレーニング後に実際の建設現場に従事することで、失業から脱するだけでなく建築事業における職歴を獲得することができます。このことによって、新たな仕事を得る機会につながる効果が期待できます。

ホームビルダープログラムは職業訓練としてターゲット4・4や10・2に寄与するだけでなく、長期的な視点から雇用拡大につながる取り組みとして、ターゲット8・5の中の「若者や障がい者を含むすべての男性及び女性の、完全かつ生産的な雇用及び働きがいのある人間らしい仕事(中略)を達成する」への貢献にもつながっていると言えます。なおÖBOは、EU内の住宅業界団体からSDGsへの貢献に資する企業として高い評価を受けています[16]。

4　ますます重要になる働く人の健康促進

介護はSDGsに関係ないのか

先に述べたSDGs実施指針では、指針の一つとして「健康・長寿の達成」が掲げられています。健康・長寿というと、日本では高齢者や介護の問題を思い浮かべる人も多いでしょう。内閣府が毎年公表している「高齢社会白書」の平成30年版によると、日本の総人口に占める65歳以上人口（高齢化率）は27・7％です[17]。

この割合は今後も上昇すると予測されており、2065年には38・4％に達して、国民の約2・6人に1人が65歳以上となると推計されています。高齢者の健康促進や介護に関するビジネスや、従業員向けの取り組みは今後ますます重要になっていきます。

ところがSDGsのターゲットを眺めてみても、「介護」という単語は1つしか見当たりません。ターゲット5・4で「無報酬の育児・介護や家事労働」として触れられているだけです。また「高齢者」という単語が見られるのは169のターゲットのうちたった3つです（2・2、11・2、11・7）。では、高齢者の介護に取り組むことは、SDGs達成には貢献しないのでしょうか。

答えはノーです。高齢者介護とSDGsの関係については、少し見方を変える必要があります。SDGs実施指針には、健康・長寿の達成に関連する国内の施策の一つとして、「ニッポン一億総活躍プラン」が示されており、以下が引用されています[18]。

介護をしながら仕事を続けることができる「介護離職ゼロ」という明確な目標を掲げ、現役世代の「安心」を確保する社会保障制度へと改革を進めることにより、希望する介護サービスを利用でき、介護に不安なく取り組め、介護と仕事を両立でき、健康を長い間維持するなど安心して生活できる社会を創り上げる。

働きながら介護もできる柔軟な働き方を考える

つまり、働きながら介護もできるような柔軟な働き方を可能にすることや（SDGs目標8）、高齢者が安心して生活できる社会環境や制度づくり（SDGs目標10や11）といった取り組みを推進することで、よりよい高齢者介護の実現に貢献しますと読み解くことができます。

もちろん高齢者に限らず、健康維持のためには、病気にならないための取り組みや適切な治療を適時受けられること、公的な保健・医療の仕組みが整備されていること（SDGs目標2や3）なども重要です。またPM2・5や有害化学物質の削減といった環境問題の解決（SDGs目標11や12）も、健康維持には必要です。

国際社会に目を向ければエイズやマラリアをはじめとする感染症や、栄養不足による健康被害で苦しむ人は多いですし、予防策としてワクチンが接種できない、近くに医療施設がない、医師や看護師が不足しているといった問題もまだまだ山積しています。

これらはSDGs以前より解決すべき重要な課題として認識されており、国際機関や政府だけでなく、企業、NGOやNPO、大学など多くの組織が具体的な取り組みを展開してきました。またよりよい解決策を求めて、新しい技術や方法も開発されています。

図表 25　健康・長寿の達成に関する主なターゲット

ターゲット	概要
2.1	2030年までに、飢餓を撲滅し、すべての人々、特に貧困層及び幼児を含む脆弱な立場にある人々が一年中安全かつ栄養のある食料を十分得られるようにする。
2.2	5歳未満の子どもの発育阻害や消耗性疾患について国際的に合意されたターゲットを2025年までに達成するなど、2030年までにあらゆる形態の栄養不良を解消し、若年女子、妊婦・授乳婦及び高齢者の栄養ニーズへの対処を行う。
3.3	2030年までに、エイズ、結核、マラリア及び顧みられない熱帯病といった伝染病を根絶するとともに肝炎、水系感染症及びその他の感染症に対処する。
3.4	2030年までに、非感染性疾患による若年死亡率を、予防や治療を通じて3分の1減少させ、精神保健及び福祉を促進する。
3.5	薬物乱用やアルコールの有害な摂取を含む、物質乱用の防止・治療を強化する。
3.8	すべての人々に対する財政リスクからの保護、質の高い基礎的な保健サービスへのアクセス及び安全で効果的かつ質が高く安価な必須医薬品とワクチンへのアクセスを含む、ユニバーサル・ヘルス・カバレッジ（UHC）を達成する。
3.9	2030年までに、有害化学物質、並びに大気、水質及び土壌の汚染による死亡及び疾病の件数を大幅に減少させる。
3.a	すべての国々において、たばこの規制に関する世界保健機関枠組条約の実施を適宜強化する。
3.b	主に開発途上国に影響を及ぼす感染性及び非感染性疾患のワクチン及び医薬品の研究開発を支援する。また、知的所有権の貿易関連の側面に関する協定（TRIPS協定）及び公衆の健康に関するドーハ宣言に従い、安価な必須医薬品及びワクチンへのアクセスを提供する。同宣言は公衆衛生保護及び、特にすべての人々への医薬品のアクセス提供にかかわる「知的所有権の貿易関連の側面に関する協定（TRIPS協定）」の柔軟性に関する規定を最大限に行使する開発途上国の権利を確約したものである。
11.1	2030年までに、すべての人々の、適切、安全かつ安価な住宅及び基本的サービスへのアクセスを確保し、スラムを改善する。

［出所］外務省仮訳のターゲットに基づき、筆者作成

たばこの健康被害については、具体的なターゲットもあります。ターゲット3・aにある「たばこの規制に関する世界保健機関枠組条約の実施」とは、2005年に世界保健機関（WHO）によって発効した条約で、職場等の公共の場所におけるたばこの煙にさらされることからの保護を定める効果的な措置をとる（受動喫煙の防止）、未成年者に対するたばこの販売を禁止するため効果的な措置をとるなどの内容が含まれています[19]。

健康・長寿の達成には幅広い取り組みが必要なわけですが、ここでは特に企業の取り組みを中心に事例を取り上げていきます。企業の取り組みとしては、従業員向けの取り組みと、製品・サービスの販売を通じた取り組みに大きく分けることができます。

従業員の健康管理や維持・促進

日本企業はSDGs以前から、健康経営として、従業員の健康管理や維持・促進に取り組んできました。企業にとって、従業員が心身ともに健康で毎日元気であることが、長期にわたって生産性を向上する上で重要だからです。

法令で定められている取り組み（定期的な健康診断など）以外に各種予防接種費用の補助、ストレスチェックやカウンセリングなどは、企業の取り組みとしてはもはや珍しくない状態になっています。

つまり日本ではSDGsのターゲット3・3、3・4および3・8についての企業の取り組みは従来から行われていたのです。最近では、従業員が育児や介護をしながら健康的にいきいきと働ける制度や職場環境を整えることも、企業の当たり前の取り組みとして広く認識されています。また、定年年齢を65歳に引き上げる企業や、退職後も嘱託といった形で働く高齢者が増えていることから、健康経営のあり方を改めて考える機会が広がっています。これらはSDGsのターゲット8・5と8・8につながる取り組みと言えます。

健康経営の優良企業、SCSKの取り組み

経済産業省では企業の健康経営促進を目的として、2014年から、優れた健康経営を実践している企業を東京証券取引所と共に「健康経営銘柄」として選定しています。

また2016年からは健康経営に取り組む企業などの「見える化」をさらに進めるために、上場企業だけでなく、未上場企業や医療法人などの法人を「健康経営優良法人」として認定する制度を開始しました。

2019年2月には「健康経営銘柄2019」として37社が選定され、「健康経営優良法

人2019」では大規模法人部門（ホワイト500）に821法人、中小規模法人部門に2503法人が認定されました[20]。

「健康経営銘柄」が開始されて以来、5年連続で選定され、また健康経営優良法人として3年連続で認定されている企業の一つがSCSKです。SCSKでは、社員の業務体系や生活習慣病の因子、健康診断結果の分析結果を踏まえて、心身の健康に関するリスクを特定し、様々な施策を実施しています。また取り組みについて定量指標を設定することで、モニタリングをしながらPDCAサイクルを回しています。

SCSKのユニークな取り組みに「健康わくわくマイレージ制度」があります。2015年から、社員の健康増進を目的に導入した制度で、ウォーキング、食、休肝日、歯磨き、禁煙の5つの行動習慣と、年1回の定期健康診断結果（肥満：BMI、血中脂質、糖代謝、肝機能、血圧）をポイント化し、獲得した1年間のポイント数に応じてインセンティブを支給するという取り組みです。

全額企業負担となった禁煙治療の費用

禁煙については、喫煙者に対する禁煙治療をサポートする仕組みを作っており、2013

年度は医療機関で禁煙治療を受けた場合の治療費用を全額企業負担としただけでなく、禁煙を達成した場合は、禁煙報奨として5万円相当の福利厚生ポイントを支給しています。

そのほかにも、オフィスでの全面禁煙や就業時間中の禁煙を就業規則に明文化し、さらには就業時間外でも職場の懇親会を含めて受動喫煙の撲滅に向けたプログラムを実施しています。２０１７年には喫煙率をさらに低下させるため「卒煙チャレンジ３カ年計画」を策定しました。積極的に禁煙に対する取り組みを進めています。

ＳＣＳＫはこれらの取り組みの成果を数字として押さえています。次に示すように着実に成果が上がっていることが分かります[21]。

- 喫煙率の低下　２００８年度36％　↓　２０１８年度16％
- ウォーキング実施率の向上　２０１４年度34％　↓　２０１８年度74％
- 朝食摂取率の向上　２０１４年度71％　↓　２０１８年度85％
- 休肝日の実施率の向上　２０１４年度82％　↓　２０１８年度91％

ＳＣＳＫの「健康わくわくマイレージ制度」や禁煙に関する取り組みは、ＳＤＧｓのターゲット2・2の「あらゆる形態の栄養不良の解消」、3・5の「アルコールの乱用の防止・治療の強化」や3・a「たばこの規制に関する世界保健機関枠組条約の実施を適宜強化する」につながると言えるでしょう。

さらにSCSKでは仕事と育児や介護の両立支援の一環として、時間や場所にとらわれずに働くことができるよう、自宅やサテライトオフィスでの勤務を推進するリモートワーク、フレックスタイム制や時短勤務といった柔軟な勤務時間の設定、育児休業や介護休暇などの休暇制度も整備しています。

SDGsのターゲット8・5の「生産的な雇用及び働きがいのある人間らしい仕事の達成」、8・8の「安全・安心な労働環境の促進」を通じて、健康・長寿の達成に貢献していると捉えることができます。

途上国の医薬品入手状況を改善するグラクソ・スミスクライン

製品・サービスの提供を通じた健康・長寿の達成貢献を行っている企業の代表例としては、医療・医薬品メーカーや食品メーカーは非常に分かりやすいと思います。高齢者向けの介護施設やサービス付き住宅を運営している事業者も同様です。

英国ロンドンに本社を置くグローバル製薬企業のグラクソ・スミスクラインは、世界の医薬品の入手状況の改善・向上に取り組む国際NGOの医薬品アクセス財団（Access to Medicine Foundation）が隔年で発表している医薬品アクセスインデックス（Access to Medicine Index）において、2008年の第1回以降、6回連続で首位を獲得しています[22]。

医薬品アクセスインデックスは、発展途上国において必要とされる医薬品の入手状況の改善に関する取り組みや貢献度を評価したもので、グローバルに事業を展開する医薬品メーカー20社が対象です。

グラクソ・スミスクラインは、途上国に住む多くの人々に同社の医薬品を提供するための様々な取り組みを展開してきました。例えば、途上国の中でも最貧国における医薬品の入手状況の改善・向上だけに従事する専門の部署を設置しています。

この部門では最貧国での特許医薬品の価格を、先進国での販売価格の25％以下と定めているほか、各国の一人当たり国民総所得に応じて同社製品の価格を決める、「段階的価格設定」も実施しています。またこの部署の収益の20％を最貧国で医療に従事する人々の研修費用に回す取り組みも行っており、2009年以降、4万人を超える医療従事者の研修に貢献しています。

この「段階的価格設定」は、数十年にわたって同社のワクチン製品にも適用してきました。最貧国の子どもたちへのワクチン接種を支援する組織には最低価格でワクチンを提供し、それらの組織の支援から卒業する国に対してもワクチン接種の価格を凍結し、その後10年間は割引価格でワクチンが購入できるようにしています。

ジェネリック版の製造・販売を促進する

2015年には、30年間研究を重ねてきたマラリア対策用のワクチンに対して、サハラ以南のアフリカ諸国の幼児向けのマラリア予防に効果があるだろうという肯定的な科学的見解が欧州の規制当局から提示されました。子どもたちをマラリアから守る重要な一歩として、同社ではこのワクチンについては利益を求めない価格設定にすることを発表しました[23]。

途上国で、多くの人が医薬品を今よりも簡単に入手できるような状況にするためには、医薬品の知的財産保護に関して柔軟かつ多角的な対応を進めることが重要だというのがグラクソ・スミスクラインの考えであり、そのため、国の経済成長度を踏まえて特許の申請と行使を行う段階的アプローチを展開しています。

例えば、途上国の中でも特に所得の低い国では、グラクソ・スミスクラインのジェネリック版の医薬品の製造・販売が行いやすいように、自社製品に関する特許は申請しないと公表しています。低中所得国については、特許の申請は行うものの、ジェネリック版の同社医薬品の供給を10年にわたって認めるライセンスを供与し、少額のロイヤルティを求めるつもりです。この取り組みは、世界保健機関（WHO）の必須医薬品リストに掲載されているグラクソ・スミスクラインの医薬品をすべて対象としています。[24]

グラクソ・スミスクラインのこれらの取り組みは、SDGsのターゲット3・3、3・4、そして3・8を強力に推進していると言えるでしょう。

特に知的財産に関しては、様々な企業と共同事業体を形成してグラクソ・スミスクラインと同様の取り組みを展開する同業他社が現れています。つまり、医薬品においてSDGsのターゲット9・2の「包摂的かつ持続可能な産業化の促進」に貢献していると考えることもできるのです。

5 誰もが住みやすいまちをつくる

増加傾向にあるスラムで生活する人々

現在、世界人口の約55%にあたる35億人が都市部に暮らしており、[25] SDGs達成の目標年である2030年には、都市部人口の割合は60%にまで増加すると予想されています。[26] 爆発的な人口増加とともに、人々は仕事や豊かな生活を求めて地方や農村部から都市部へ移住し、先進国や途上国の一部では、住居や上下水道などの都市インフラが、このままでは人口増に対応できないと予想されています。

都市部の人口が増加すれば、ごみや下水などの廃棄物・排水を適切に処理するための施設や仕組みの整備、騒音や大気汚染などの環境問題への対応が必要になります。特に新興国や途上国では、急激な人口増加にインフラ整備が追い付かない場合には、スラムなどの劣悪な居住環境で生活する人々が増加する可能性が十分あります。都市部のスラムで生活する人々は世界で10億人に上るとも言われており、その数は今後25年で2倍になると予測されています。[27] スラムの住民はその環境がゆえに病気にかかりやすく、子どもの死亡率が他所より高く、平均寿命が短い傾向にあります。暴力や犯罪も多発するため、「安全で住みやすい」からほど遠い状況にあります。

日本に暮らす私たちには、スラムのような居住環境はイメージが沸きにくいかもしれません。しかし「安全で住みやすい」に関しては、日本でも対応すべき課題が散見されます。高齢者、女性、子ども、障がい者は一般的に社会的弱者と呼ばれますが、公共交通機関や道路、オフィスビル、公園などの公共空間が社会的弱者に配慮した設計になっていて、誰もが安全に利用できるようになっていることがSDGsでは求められています。

移動についても様々な配慮が必要です。日本では山間地域を中心に地方の過疎化が進み、電車や路線バスが廃止になる地域が増えつつあります。このような地域では高齢者など運転免許を返納した人たちの移動手段や、買い物や病院などの日常生活に必要なものやサービスを受け取るための手段をどのように確保するのかが大きな課題となっています。

さらに安心して暮らせるまちには、自然災害を含む災害時に人々の安全を確保できることや被害を可能な限り最小限に抑えるインフラやサービスも必要です。日本は阪神・淡路大震災や東日本大震災、熊本地震など、これまで多くの自然災害に見舞われてきました。災害の経験を活かし、災害時のリスクに対する様々な技術、サービス、ノウハウを政府や自治体、民間企業だけでなく個人や地域レベルでも有しています。これらを世界に展開することも、日本がＳＤＧｓ達成に向けて大きく貢献できることなのです。

２０１５年には仙台で「世界防災会議」が開催され、２０３０年までの災害リスク管理の策定と実施が採択されました。被害を受けにくいインフラや防災関連のサービスがまち全体に行き届くことや、災害時の避難場所の確保、被災したインフラの迅速な復旧のための仕組みや対策など、持続可能なまちづくりには、実に多方面からのアプローチが必要です。

「誰もが暮らしたいまち」とは何か

さらに地域を開発する際には、その地域の伝統や文化遺産、自然環境の保護や保全を併せて進めていくことも重要です。まちの文化を後世に伝えるものとして、古いものを残すこともまちづくりとして考えるべきでしょう。それこそがまちの個性へとつながり、地域に暮らす人々の誇りや愛着を生み出す源泉となります。

こうしたまちづくりには、企業だけではなく、その地域に暮らす人々やその地域に働きに来る人々を交えた対話を重ねることで、住み続けたいまちや愛されるまちの姿を描いていくことが必要です。これは地域のコミュニティの力を強化する効果があると言われており、高

図表 26　安全で住みやすいまちづくりに関する主なターゲット

ターゲット	概要
3.6	2020年までに、世界の道路交通事故による死傷者を半減させる。
11.2	2030年までに、脆弱な立場にある人々、女性、子ども、障がい者及び高齢者のニーズに特に配慮し、公共交通機関の拡大などを通じた交通の安全性改善により、すべての人々に、安全かつ安価で容易に利用できる、持続可能な輸送システムへのアクセスを提供する。
11.5	2030年までに、貧困層及び脆弱な立場にある人々の保護に焦点をあてながら、水関連災害などの災害による死者や被災者数を大幅に削減し、世界の国内総生産比で直接的経済損失を大幅に減らす。
11.7	2030年までに、女性、子ども、高齢者及び障がい者を含め、人々に安全で包摂的かつ利用が容易な緑地や公共スペースへの普遍的アクセスを提供する。

［出所］外務省仮訳のターゲットに基づき、筆者作成

齢者、障がい者、子どもの地域での見守りだけでなく、災害時の助けあいなどにもつながることが期待されます。

日本では、持続可能な経済社会システムを実現する都市・地域づくりとして「環境未来都市」構想を進めてきました。「誰もが暮らしたいまち」「誰もが活力あるまち」の実現を目指して、様々なプロジェクトに取り組んでいる都市をモデル都市として南は北九州市から北は北海道下川町に至るまで、11都市（1つは広域扱い）選定しています[28]。

取り組み内容を国として支援するだけでなく、他の都市や地域の取り組み

の参考となることを目的としています。また、環境未来都市の考え方はＳＤＧｓの理念と軌を一にするものとして、日本政府としては環境未来都市をＳＤＧｓの達成に向けた取り組みの先行例として捉えています。

環境未来都市構想を進めるだけでなく、ＳＤＧｓの考えを取り入れて日本としての持続可能な経済社会づくりを推進し、これを国際社会にも発信していきたいという狙いがあります。

さらに２０１８年6月には、地方公共団体によるＳＤＧｓの達成に向けた優れた取り組みを提案した29都市を「ＳＤＧｓ未来都市」として選定しました。中でも特に進んだ取り組みを行う10事業については、「自治体ＳＤＧｓモデル事業」とし、その取り組みを全国へ普及展開し、地方創生の一つとしていこうという考えです。[29]

世界で評価される塩尻市のまちづくり

通信関連の国連専門機関である国際電気通信連合（ＩＴＵ）の公式ウェブサイトでは、ＩＣＴを活用した持続可能なまちづくりの事例として、日本の長野県塩尻市が紹介されています。[30]

塩尻市は1996年に市独自のICT事業として、「塩尻インターネット接続機構」という全国初めての市営プロバイダ事業をオープンソースで展開したことをはじめとして、2000年には小中高等学校、支所、博物館、在宅介護施設、保育園、工業団地など72カ所を自前のギガビット光ファイバーで接続した光ファイバーネットワークを構築、2006年には市内全域の特定小電力アドホック無線網を活用した「地域児童見守りシステムモデル事業」を展開しています。

2012年には、それまでに構築した光ファイバーネットワークや特定小電力アドホック無線網、さらに他のシステムと連携し、各種センサから収集した土石流や河川の水位情報、鳥獣害情報や市内循環バス情報、児童や高齢者の見守り情報を市民に提供してきました[31]。特に土石流、水位の変化などの情報を事前に市民に知らせることで減災を図るだけでなく、緊急時には既存のGIS地図情報などと連携した上で分かりやすい避難情報を提供し、市民の安全を確保するために活用することが一つの狙いです。

平時には生活情報や観光情報を提供し、市民が情報取得に慣れて、緊急時でも慌てずに情報を収集できるよう、配慮したシステムを構築しています。塩尻市は、地方自治体としてはいち早くICTを活用した安心で快適に暮らせるまちづくりを推進してきました。この

ICTをベースとしたシステムの構築には、NTT、NTTドコモ、KDDI、ソフトバンクといった様々な企業が関わっています。塩尻市は収集したデータの解析を行い、さらなるサービス向上を図っていくとしています。[32]

塩尻市の取り組みは、高齢者や障がい者も含めて情報提供を行っていることから、ターゲット1・5の「脆弱な状況にある人々の強靭性（レジリエンス）」の構築やターゲット11・2の「すべての人々に（中略）持続可能な輸送システムへのアクセスを提供する」、ターゲット11・5「水関連災害などの災害による死者や被災者数を大幅に削減」することに関する取り組みと言えます。またターゲット9・1の「質の高い、信頼でき、持続可能」なインフラを企業と共に開発してきた好事例とも言えるでしょう。

6　エネルギー利用に伴う環境負荷に取り組む

エネルギー利用や二酸化炭素の削減

私たちが生活する社会は、エネルギーがなければ、何も進められません。エネルギーを安定的に確保することは、人々の暮らしの豊かさや活力の維持・向上、国の経済成長において不可欠です。しかし世界の人口の約13％にあたる約10億人が現代的な電気にアクセスできない生活を送っています。[33] 世界の人口の半分弱の30億人が薪や石炭、または動物の排せつ物を燃やして調理や暖房に使っています。[34]

エネルギーの利用に関する課題は様々ですが、エネルギーをどう生み出すかと、エネルギー利用に伴う環境負荷とセットで考える必要があります。例えば、石油や石炭などは燃やせば当然二酸化炭素が発生し、地球温暖化につながることは多くの人が理解しています。

一方で、太陽光、風力、水力、地熱、バイオマスなどの再生可能な自然エネルギーは、地球環境への負荷が少なく、かつ安全なエネルギーとして利用が拡大してきました。しかし、再生可能エネルギーの利用割合は、近年増加傾向にあるものの、２０１５年時点で世界のエネルギー利用の約18％と、まだまだ改善の余地がありそうです。[35] 最近では再生可能エネルギーに関する技術の開発コストが急速に下がっていることもあり、再生可能エネルギー利用率を向上させるための様々な取り組みが世界各国・地域で展開されています。例えば新しい動きとしては、２０１９年4月、アセアン諸国、アジア開発銀行や大手金融機関は、東南アジア域内のグリーンインフラ国家プロジェクトに融資や技術支援を行う10億ドル（約１１００億円）のクレジット・ファシリティである「アセアン・カタリティック・グリーンファイナンス・ファシリティ」を設定したことを発表しました[36]。

技術支援を主に提供するのは経済協力開発機構（OECD）とグローバル・グリーン・グロース機関（GGGI）です。このファシリティは再生可能エネルギーや二酸化炭素排出量の少ない運輸サービス、水インフラ開発などに融資を行い、東南アジア域内のクリーンエネルギーの利用拡大のために活用されます。

効果を数値化しやすい二酸化炭素の削減

エネルギー利用については、もちろん省エネルギーも同時に議論しなくてはいけません。日本は省エネ法や建築物省エネ法などによる規制だけでなく、省エネルギーへの投資促進に向けた補助金や二酸化炭素排出抑制対策事業費等補助金といった、様々な政府の支援策があります。それだけ日本は省エネに力を入れてきたと言えるでしょう。

日本企業も省エネに関して企業努力を続けてきましたし、現在も継続して製品やサービス、そして企業活動における省エネを推進し続けています。SDGsへの取り組みについて考えるとき、省エネや二酸化炭素削減の取り組みなら、すでに行っている、もしくは取り組みを強化しやすいと考えた企業は少なくないでしょう。

省エネルギーや二酸化炭素削減は、その効果を数値化しやすいため、「やったらやっただけのこと」が企業や企業を取り巻く様々なステークホルダーに分かりやすい取り組みだと言えます。地球の気温上昇を2℃未満に抑える上で、科学的に必要とされる二酸化炭素排出量に基づく削減目標の設定を推進している「科学的根拠に基づくターゲットイニシアチブ（SBT）」という国際イニシアチブがあります。

これは企業の気候変動対策に関する情報開示を促進している国際NPOであるCDP、世界資源研究所、世界自然保護基金、国連グローバルコンパクトが協働して推進しているイニシアチブです。科学的根拠に基づく二酸化炭素排出基準を決めており、企業の削減目標はイニシアチブの厳しい基準を満たした場合にのみ承認されます。

2019年4月現在、二酸化炭素排出削減の承認を得ている企業は、大手食品・飲料メーカーのコカ・コーラ、ダノン、ケロッグや、一般消費財メーカーのP&G、家具量販店のイケアなど全世界で204社です。日本企業ではキリン、大日本印刷、ソニー、ユニ・チャームなど39社が承認を得ています。[37]

図表27　エネルギー利用や二酸化炭素の削減に関する主なターゲット

ターゲット	概要
7.2	2030年までに、世界のエネルギーミックスにおける再生可能エネルギーの割合を大幅に拡大させる。
7.3	2030年までに、世界全体のエネルギー効率の改善率を倍増させる。
7.a	2030年までに、再生可能エネルギー、エネルギー効率及び先進的かつ環境負荷の低い化石燃料技術などのクリーンエネルギーの研究及び技術へのアクセスを促進するための国際協力を強化し、エネルギー関連インフラとクリーンエネルギー技術への投資を促進する。

［出所］外務省仮訳のターゲットに基づき、筆者作成

１１４社で４・７億トンから大胆に削減

企業ごとに削減目標を設定しており、ケロッグの場合は排出原単位（製品１トンを製造する場合に排出される二酸化炭素量）を２０２０年までに２０１５年比で15%削減、また２０３０年までにバリューチェーンを通じた二酸化炭素排出の絶対量を２０１５年比で20%削減、２０５０年までに50%削減するという目標を設定しています[38]。

２０１５年12月、ＳＢＴはイニシアチブに参加している企業１１４社の二酸化炭素排出量の合計が、少なくとも年間４億７６００万トンであり、石炭火力発電所１２５カ所分の年間排出量に相当するという試算結果を発表しました[39]。

比較のために日本全体の温室効果ガスの総排出量を見てみましょう。２０１９年４月に公表され

た、2017年度の日本の温室効果ガスの総排出量（二酸化炭素換算）は約12億9200万トンでした。これは前年度に比べて1・2%、約1600万トンの削減で、2013年度と比べて約8・4%、1億1900万トンの削減を達成しています[40]。

SBT参加企業の二酸化炭素排出量を削減することは、もちろん気候変動に大きな貢献をすることにつながりますが、参画していない企業の二酸化炭素排出量削減をいかに促すか、いかに測るかがイニシアチブにとっての今後の課題です。

再生可能エネルギーの利用にシフトするアマゾン

2014年11月、アマゾンは同社のクラウドサービス部門のAWS（Amazon Web Services：アマゾン・ウェブ・サービス）の運営について、グローバルなインフラにおけるカーボンフットプリントにおいて、100%再生可能エネルギー利用を達成するという長期的なコミットメントを行うと公表しました[41]。

AWSは世界最大のクラウド・コンピューティングサービスで、アマゾンだけでなく米国ではAirbnbや「ニューズウィーク」など、日々のやり取り量が膨大な大手ウェブサイトの多くがAWSを利用して運営されています。

ＡＷＳを利用する側の企業は、自社サーバーの不稼働リソースを減らすことができ、結果としてコストや二酸化炭素排出量の削減につなげることができますが、アマゾン自身が再生可能エネルギーを活用し、ＡＷＳ運営から発生する二酸化炭素量を削減することで、ＡＷＳの利用企業側は結果としてさらに自社サービス運営から排出される二酸化炭素量を削減する効果が期待できます。アマゾンのこの取り組みは、まさにターゲット７・２そのものと言えるでしょう。

ターゲット７・ａに貢献するＳＢエナジーの投資

ソフトバンクグループの再生可能エネルギー事業子会社であるＳＢエナジーは、２０１９年４月に米国の天気予報システム開発企業であるクライマセルに７００万ドル（約７億７０００万円）出資しました。[42]

クライマセルは無線通信やコネクテッドカー、衛星、街頭カメラ、ＩｏＴ機器、航空機、ドローンなどが発する電波の通信状態から得られるデータと、既存の気象観測データを組み合わせ、オンデマンドで特定地域における高精度のリアルタイム天気予報システムの開発を行っています。インフラが未整備な途上国でも活用できる点が強みの一つです。

ＳＢエナジーがクライマセルに出資した目的は、この天気予報システムを、天候とその予測の正確性に大きく左右される自然エネルギー産業に役立てることです。例えば風力発電用の風車の設置や稼働計画などに活用できます。

またクライマセルの天気予報システムと、自然エネルギー、ＩoＴ、モビリティ技術を組み合わせることで、新しいビジネス機会が生み出せることも期待しています。ＳＢエナジーの出資はターゲット７・ａの取り組みの「エネルギー関連インフラとクリーンエネルギー技術への投資を促進する」につながると考えられますし、クライマセルの技術をベースに自然エネルギーを企業や政府、地方自治体がさらに利用するようになれば、ターゲット７・２にも結び付くことが期待できます。

７ 持続可能な消費を探る

消費を「持続可能にする」とはどういうことだろう

ＳＤＧｓの目標12は「持続可能な生産消費形態を確保する」ですが、生産はともかく持続可能な消費って何？　と思った方は少なくないと思います。これは、何でもかんでも消費し続けられる世界を作りましょう、ということとは違います。

目標12のロゴに「つくる責任、つかう責任」とあるように、ここでいう「持続可能な消費形態」には、①生産や販売される過程だけでなく、消費や最終的な廃棄処分に至るまで、一つの製品やサービスが地球環境や人、地域社会に与える影響に目を向けましょう。②その上で、負の影響がより少なく、正の影響をより強くもたらすような製品やサービスを積極的に選んで購入しましょう。③購入したものを無駄なく消費し、適切に廃棄しましょう、という意味が含まれています。

最近では、持続可能な消費と併せて、「エシカル消費」という言葉も目にする機会が増えました。エシカル（ethical）とは「倫理的な、道徳にかなった」という意味の英単語です。

つまりエシカル消費とは、法律で定められてはいないけれど、私たち消費者一人ひとりが、良識に基づいた買い物を行い、それによって世界の様々な問題解決に貢献する消費行動を積極的にしていきましょう、ということです。つかう側の責任を問うという意味で、SDGsの持続可能な消費形態とエシカル消費はほぼ同じ意味を含んでいると言えます。

では持続可能な消費をしようとした際、具体的にどんなことをすれば良いのでしょうか。

個人の消費活動としては、消費者庁が2017年4月にエシカル消費についてまとめたレポート[43]が参考になります。このレポートではエシカル消費として、人や地域社会に配慮した商品やサービスを購入することや、環境や資源保護に配慮した商品を購入することが挙げられています。

前者には地産地消、地域の伝統の維持や被災地の復興につながる、障がい者支援につながる、途上国の生産者からの公正な取引を促進し、途上国の生産者や労働者の生活改善につながる商品やサービスが含まれます。後者にはリサイクル商品やエコマークやマリン・エコラベルなど環境や資源保護に関連した認証付きの商品がわかりやすいでしょう。

またレポートではエシカルファッションと呼ばれる衣類や宝飾品についても触れられています。毛皮などの動物由来の素材や環境汚染につながる染料を使っていない、オーガニックコットンやリサイクル素材を積極的に使っている、児童労働や低賃金などの不当な労働力搾取や人権侵害にあたるような劣悪な労働環境のもとで作られていないものが代表的です。

すでに気づいた方もいらっしゃると思いますが、エシカル消費は目標12だけでなく、児童労働や強制労働をなくし、障がい者を含むすべての人々に働きがいを提供することや（目標8）、森林や海洋の保全（目標13と14）にもつながっています。さらに、途上国の生産者や労働者が貧困から抜け出す手助けする可能性も含んでいます（目標1）。あなたが日々買い物をするときに、少し意識を変えるだけでこれらの目標達成に近づく可能性が大いにあるのです。

紙の消費を持続可能にするセイコーエプソン

商品やサービスを生産し販売する側である企業は、持続可能な消費において何を行うべきでしょうか。目標12のロゴにあるつくる責任の「つくる」には、原材料の調達や生産だけでなく、物流や小売店での販売など、消費者の手元に届くまでの過程すべてが含まれています。

この過程全体に対して、有害な物質を排出しない、廃棄物を減らすなどの環境に配慮した取り組み、「つくる」に関わる人々の健康や人権に配慮した取り組み、地産地消の促進や地域の雇用を増やすなどの地域社会のお困りごとの解決に貢献する取り組みを行っていくことが企業に求められているのです。

また、消費したあとの廃棄の工程にも配慮することもつくる側の責任の一部と考え、使用済の商品を回収しユースやリサイクルを行う企業も近年ますます増えています。

SDGsのターゲットとしては、8・4、12・2、12・4そして12・5、そして実現方法

図表 28　持続可能な消費に関する主なターゲット

ターゲット	概要
8.4	2030年までに、世界の消費と生産における資源効率を漸進的に改善させ、先進国主導の下、持続可能な消費と生産に関する10カ年計画枠組みに従い、経済成長と環境悪化の分断を図る。
12.2	2030年までに天然資源の持続可能な管理及び効率的な利用を達成する。
12.3	2030年までに小売・消費レベルにおける世界全体の一人当たりの食料の廃棄を半減させ、収穫後損失などの生産・サプライチェーンにおける食料の損失を減少させる。
12.4	製品ライフサイクルを通じ、環境上適正な化学物質やすべての廃棄物の管理を実現し、人の健康や環境への悪影響を最小化するため、化学物質や廃棄物の大気、水、土壌への放出を大幅に削減する。
12.5	2030年までに、廃棄物の発生防止、削減、再生利用及び再利用により、廃棄物の発生を大幅に削減する。
12.b	雇用創出、地方の文化振興・産品販促につながる持続可能な観光業に対して持続可能な開発がもたらす影響を測定する手法を開発・導入する。

［出所］外務省仮訳のターゲットに基づき、筆者作成。12.4 は前略

としてのターゲットである12・bに取り組むことが求められると言えるでしょう。何よりも、これらのターゲットにつながる取り組みのもとに製品やサービスであることを、企業から消費者に積極的に発信していくことも、持続可能な消費を促すためには大切です。

SDGsのターゲット8・4、12・2、12・4そして12・5に貢献している代表的な事例の一つが、セイコーエプソンが開発した

「ペーパーラボ（PaperLab）」です。ペーパーラボは使用済の紙を投入すると、その場で100%再生紙を製造する機械です。巨大なコピー機か実験機器のような外観で、横幅約3メートル、奥行き約1・5メートル、高さ約1・8メートル[44]と、オフィスに設置することを前提とした大きさになっています。

ペーパーラボは投入された使用済の紙を振動で細かく砕いて繊維に戻し、インクなどの色素を完全に抜いて、結合剤を混ぜて圧力をかけて再び紙に成形します。1時間でA4サイズの紙915枚を処理し、720枚の再生紙を作り出すことができます[45]。普通紙だけでなく厚紙も作ることができる他、色紙にも再生できるため、メモ帳や名刺として利用することができます。多くの企業や行政は、日常業務のために大量のオフィス用紙を購入しますが、ペーパーラボによってその量を減らすことができます。

また、オフィスで一般的に使用されるA4サイズの紙を1枚作るためには、コップ1杯程度の水が必要と言われています。使用済の紙から再生紙を作る際にも、通常は水に溶かして繊維に戻すという工程があるため、どうしても水を消費せざるを得ませんが、ペーパーラボはほとんど水を使いません。オフィス内で再生紙を作ることから、外部の処理業者に委託する量を減らす効果もあります。つまり、紙の輸送を含めて、紙の処理や再生紙を作るためにかかっていた環境負荷を低減する効果があるのです。

ペーパーラボは損害保険会社、化学品メーカー、商社、金融機関など様々な企業や自治体にすでに導入されています。[46] 導入した企業の一部では、オフィス内の使用済の紙の回収や仕分け、ペーパーラボの稼働などの一連の業務に、障がい者や高齢者を雇用しています。ペーパーラボは地域の雇用拡大にも一役買っているのです。

ペーパーラボは先ほど述べた3つのSDGsのターゲットだけでなく、ターゲット6・4の「水の利用効率の大幅な改善」、8・5の「若者や障がい者を含むすべての男性や女性の雇用」、9・4の「資源利用効率の向上とクリーン技術及び環境に配慮した技術・産業プロセスの導入拡大」、15・2の「森林減少の阻止」をはじめ、様々なターゲットに貢献している、画期的な製品だと言えるでしょう。

毎年13億トンもの食料が捨てられている

SDGsのターゲット12・3には「2030年までに小売・消費レベルにおける世界全体の一人当たりの食料の廃棄を半減させ、収穫後損失などの生産・サプライチェーンにおける食料の損失を減少させる」とあります。世界食糧機構（FAO）が2013年に公表したレポートによると、世界では毎年約13億トンの食料が廃棄されています。これは人が消費するために生産された食料の３分の１を廃棄している計算です[47]。

先ほどのＦＡＯのレポートによれば、途上国など所得の低い国では、貯蔵や冷蔵施設などのインフラが足りていないことや包装技術が進んでいないなどの理由で、収穫した食料が腐ったり虫に食べられてしまって、消費者まで届かずに捨てられる傾向があり、日本のような所得の高い国では、途上国に比べて、加工や購買、消費の段階で、まだ食べられるにも関わらず捨てられてしまう「食品ロス」が多い傾向があります。

日本の食品ロスについてのデータも見てみましょう。２０１６年度の食品ロスは約６４３万トン[48]で、一人当たりの食品ロス量は約51kgになります。これは一人当たりの年間の米の消費量（約54kg）とほぼ同じです[49]。

日本人は一人当たり年間約６kgの食品ロスを削減しなくてはいけない

食品ロスを含む食品廃棄物の削減に向けて、世界各国・地域でも、様々な目標が掲げられています。ＥＵでは食品廃棄物を２０２５年までに２０１４年比で約30％、２０３０年までに同50％を削減するという目標を２０１７年に設定しました。米国は２０３０年までに食品ロスと食品廃棄をサプライチェーン全体で半減するという目標を2015年に設定しています。イギリスは国全体ではなく、一人当たり食品廃棄量に換算して、2025年までに2015年比で20%削減するという目標を2016年に設定しました。[50]
日本政府は2018年に、2030年度までに家庭から発生する食品ロスを2000年度比で半減するという目標を設定しました。[51] 2000年度に家庭から発生した食品ロスは約433万トンで、2016年度は291万トンだったので、目標達成のためには約75万トンを削減しなくてはいけません。日本人一人当たりでは、年間約6kgの食品ロスの削減に取り組む必要があるということです。

消費期限を長くするための取り組み

企業による食品ロスを削減する代表的な取り組みの一つが、食品の保存期間を延ばすことです。日本企業は、SDGsが採択される以前から容器包装や製造方法を工夫することで、食品を常温で長期保存できるようにしてきました。

皆さんの中には、酸素に触れない工夫や、液体を最後まで注ぎだせる工夫がほどこされている容器や包装パッケージの醤油を使っている方も多いのではないでしょうか。保存性が高いだけでなく、開封した後も鮮度が保たれることため、消費者が最後まで使い切りやすくなっています。

加工食品だけでなく生鮮食品の保存期間を延ばす包装材もあります。住友ベークライトの鮮度保持フィルム「P－プラス®」は、野菜や果物などの青果物向けの包装フィルムです。これは青果物から放出される水分をフィルムが吸収し外に放出する機能があり、包装内部でカビの発生原因となる結露が発生しにくくします。

P－プラス®は、住友ベークライト独自の技術によってフィルムに目に見えないミクロサイズの穴をあけられています。これは包装内部を低酸素・高二酸化炭素状態に維持することで、青果物を「冬眠状態」にし、鮮度を保持する効果があります。

青果物によってP－プラス®の穴の大きさや数を調整し、それぞれにあった「冬眠状態」を作りだしています。鮮度の保持期間がどの程度伸びるかは、青果物によっても異なりますが、10℃で冷蔵保管したカットレタスは、通常4日程度で褐色になる部分が現れたり、萎えたりしてしまいますが、P－プラス®で包装したカットレタスの場合、同じ10℃の冷蔵保管の状態で、4日後でも色の変化や萎えが小さいという結果が出ています。[52]

住友ベークライトはこのP－プラス®で、2019年1月に農林水産省から「食品産業もったいない大賞委員会委員長賞」を受賞しています[53]。

P－プラス®も先に挙げた醤油のパッケージも、食品の保存期間を延ばす効果があることから、SDGsのターゲット12・3だけでなく、8・4の「世界の消費と生産における資源効率の漸進的な改善」や12・5の「廃棄物の発生防止、削減」につながる効果があると言えます。

捨てられる部分をおいしく食べる工夫

保存期間を延ばす以外に、本来なら捨ててしまう部分を有効活用することも食品ロスの削減には有効です。2017年10月、世界食糧デーの関連イベントとして、外務省で食品ロス対策のある食品を食べる会が開催されました。そこで提供されたのは「あら〜麺」という、普段は廃棄されることの多い魚のあらを使用して調理されたラーメンです[54]。

あら〜麺は東京の有名ラーメン店の麺屋武蔵が東日本大震災で復興支援を目的として提案したもので、震災がおこった2011年の秋に宮城県の石巻市で誕生しました[55]。あら〜麺は魚のあらからラーメンの出汁を取るだけでなく、規格サイズを切り出し終えた魚の身をかき揚げなどのトッピングにして提供することで、食品ロスを減らす以外に、地産地消や新たな地方産品の創出という効果もあります。

地方の文化振興にも触れている、ターゲット12・bを具体的に推進している事例と言えるでしょう。麺屋武蔵はあら～麺の作り方を宮城県の水産高校の学生に指導する以外に、石巻の飲食店やホテルで提供する際の監修を行っています。

持続可能な消費については、「つくる」過程に配慮した商品やサービスを交換した側だけでなく、それを流通させたり、提供する販売店や企業も、関連するSDGｓのターゲットに取り組んでいると言うことができます。食品ロスの削減への取り組みをしてみようという場合には、例えばあら～麺のような食品を社員食堂で提供することから始めるのも良いと考えます。

8　海洋プラスチックごみは削減できるのか

海に流出する年間約８００万トンのプラスチックごみ

レジ袋などのプラスチック袋、ペットボトル、食品用のプラスチック容器やトレーなどのプラスチックごみが、不法投棄や廃棄物の管理不十分などの理由で、川から海に流れ込んだり、直接海に捨てられることによって生じる問題を総称して海洋プラスチックごみ問題と呼びます。2016年のダボス会議で提示されたレポートによると、年間約800万トンのプラスチックごみが海に流出しています。[56] これは毎分ごみ収集車1台分のプラスチックが海に流れ込んでいる計算です。

近年は特に、マイクロプラスチックと呼ばれる直径5ミリメートル以下のプラスチックごみや、さらに小さい直径1ミリメートル以下のマイクロビーズが引き起こす問題への注目が高まっています。マイクロプラスチックは、ペレットやビーズ状の小さなプラスチックごみとして排出されたもの以外に、化学繊維やプラスチックごみが紫外線などによって劣化し、断片化することで発生します。

マイクロビーズは、主に洗顔料や歯磨き粉などのパーソナルケア商品にスクラブ材として含まれているほか、工業用の研磨剤に使用されています。米国の環境科学研究者らが中心となって試算した結果、約27万トンのマイクロビーズを含めたマイクロプラスチックが海洋中に含まれています。[57]

これらのプラスチックごみをイルカやクジラなどの海洋哺乳類、海鳥や魚、プランクトンが誤飲・誤食すれば、当然のことながら海洋生態系に大きな打撃を与えます。さらに沿岸地域の観光や漁業への影響、沿岸地域の居住環境への影響、そして食物連鎖による人間の健康への影響など、様々な問題を引き起こすことにつながります。

対策を始める国際社会

国際社会はすでに海洋プラスチックごみ問題に対して様々な対応を始めています。2018年5月に欧州委員会は、新たなプラスチックごみの規制を提案しました。対象となるのは、欧州の海岸や海に多く見られる、食品トレー、飲料用のボトル、衛生用品、風船、プラスチック袋などの使い捨てプラスチック製品10品目と、プラスチックを含んだ漁具です。提案内容は次の7項目です。[58]

① 削減目標を設定し、経済的な措置を取るなどを通じて消費を削減する
② 対象プラスチック製品の市場を規制する
③ リユース可能な製品や環境に優しい素材への変更を促す
④ 廃棄方法や環境負荷についての表示を行う
⑤ プラスチックごみの管理や清掃、消費者の意識向上のためのコストを生産者が負担す

る（生産者義務の拡大）

⑥ 使い捨てのプラスチック飲料ボトルを90％回収する

⑦ 使い捨てのプラスチック製品や漁具が環境に及ぼす影響について、消費者の意識を向上させる取り組みを行い、リユースの促進とプラスチックごみ管理を義務付ける

翌月の6月には、カナダで開催されたG7シャルルボワサミットでは、イギリス、フランス、ドイツ、イタリア、カナダ5カ国とEUが「海洋プラスチック憲章」に署名しています。[59]

この憲章には2030年までにリサイクル素材を使用したプラスチック製品を少なくとも50％増加させることや、2020年までにパーソナルケア製品に含まれるマイクロビーズ使用を削減すること、プラスチックの分別収集やリユース、リサイクルなどの取り組みについて国内の対応能力を向上させ、海洋プラスチックごみを防ぐことなど、国・地域内のプラスチック規制や関連する取り組みを強力に推進していくことが記載されています。

これらの規制に先んじて、グローバルに事業を展開する企業はプラスチックの使用量を削減するための取り組みを進めています。例えば、コカ・コーラでは、2030年までに製品に使用するすべてのペットボトルと缶の回収とリサイクルを推進するという目標を2018

年1月に発表しました[60]。

日本コカ・コーラもこの目標に基づき、2030年までにペットボトルの50%をリサイクル素材にすることや、政府や自治体、飲料業界や地域社会と協働し、国内で販売した同社製品と同等量の容器の回収・リサイクルに挑戦することなどを掲げています[61]。

またスターバックスは、2020年までに世界中の全店舗でプラスチック製の使い捨てストローの使用を取りやめることを発表しています。紙製や堆肥化が可能なプラスチック素材のストローに切り替えるほか、ストローが不要なふたを提供するなどの取り組みを行うとしています[62]。

意外に進んでいる日本のプラスチックのリサイクル

日本では、プラスチック廃棄物は2013年の時点で全廃棄物の約2%、プラスチックのリサイクル率は24・8%です。容器包装によるプラスチックごみ（一人当たり）はアメリカに次ぎ多い状況ですが、どうしても焼却せざるを得ない場合でも、廃棄物発電や熱利用を行うなどの熱回収を進めており、2013年時点での熱回収は約57%[63]と、プラスチックごみ対策においては国際社会の取り組みに後れを取っているわけではありません。

図表 29　海洋プラスチックごみの削減に関する主なターゲット

ターゲット	概要
14.1	2025年までに、海洋堆積物や富栄養化を含む、特に陸上活動による汚染など、あらゆる種類の海洋汚染を防止し、大幅に削減する。

［出所］外務省仮訳のターゲットに基づき、筆者作成

例えば、ペットボトルにはラベルに分別して捨てることについての注意書きが書かれていることはもちろん、ペットボトル専用のごみ箱は駅やコンビニエンスストアなど、そこかしこに設置されています。家庭ごみでも、ペットボトルを分別して捨てることは、もはや当たり前となっています。もちろんリユースやリサイクル、熱回収されることなく廃棄や焼却されるプラスチックごみがゼロになったわけではないので、企業や行政がお互いに連携しながらさらに取り組みを進めていくことが必要です。

なおマイクロビーズについては、米国、韓国、フランス、イギリス、台湾、ニュージーランド、カナダがマイクロビーズを含む化粧品や洗浄剤などについて、製造禁止、輸入を含む流通規制、販売禁止などの規制を行っている、もしくは規制の開始時期を決めています。日本では製造や販売の禁止は行われていませんが、２０１６年に、日本化粧品工業連合会が会員企業にマイクロビーズ使用の自主規制を要請しています。

日本政府の海洋プラスチックごみに対する取り組みはどうかというと、海洋プラスチック憲章の内容を踏まえ、第四次循環型社会形成推進基本法に基づくプラスチック資源循環戦略を策定する予定です。

投資を通じた海洋プラスチックごみ対策

２０１８年10月、海洋プラスチックごみ対策として興味深い動きが米国で現れました。運用機関である米国サーキュレートキャピタルが、海洋プラスチック対策ファンドを２０１９年前半に組成することを発表したのです。サーキュレートキャピタルによれば、プラスチックごみの適切な廃棄やリサイクルを推進することで、海洋に流れ込むプラスチックを少なくとも45％削減することが可能です[64]。

そこでこのファンドは状況が特に深刻な東南アジアと南アジアの海洋プラスチックごみ問題緩和を狙うインパクト投資ファンドとして、海洋プラスチックごみ対策に関連するリサイクル技術や廃棄物管理を行うスタートアップに投資する予定です。まずはインドネシアとインド向けの投資を行い、次にベトナム、タイ、フィリピンへと地域を拡大する計画です。

また出資している企業や政府と連携し、現地のコミュニティが発案した解決アイデアの実現も支援する予定です。ファンドにはすでに約９０００万米ドルの資金が集まっており、資金の出し手には、ペプシコ、P&G、ダウ・ケミカル、ダノン、ユニリーバ、コカ・コーラ等の企業が名を連ねています[65]。

9 森林や生態系を気候変動から守る

自然界の秩序を維持する

私たちの生活は食糧や水、薬や木材など様々な自然の恵みを享受して成り立っています。森林については紙や住宅建材の原料となる木材の供給源だけでなく、酸素を発生し、二酸化炭素を吸収し、雨水を地面に吸収し川へと雨水を運び、気温を一定に保つなど多面的な機能を持っています。森林が失われるということは、地球環境全体に影響があるということなのです。

木は木材として活用できるまでに何十年もの年月がかかります。気候変動を緩和するような規模の森林になるにはさらに何十年、もしくは１００年以上かかります。しかし、まったく手入れをしない森林は、雨水を必要以上に地面にためこみ、土砂崩れを起こしてしまうこともあります。森林を適切に管理することは、森林の持続可能性を向上させるだけでなく、陸域生態系の保全・復元を考える上で非常に重要なのです。世界では、持続可能な森林管理を推奨する認証制度がつくられ、各国政府や行政機関、企業における調達基準として採用されています。

また森林の持続可能性を担保し、向上させることは生物多様性の維持にも関わります。生物多様性は、絶滅危惧種の保護の話だという印象を持っている方もいるかもしれません。生物多様性とは食物連鎖などに代表される、自然界の秩序のことであり、植物や動物が互いに支えあっているから成り立っているものなのです。

森林が雨水を吸収し、土砂崩れや洪水が起こることを防いでいることも、植物から私たちの体を治癒し、健康を維持するための薬が作られることも、生物多様性が存在するからこそです。

森林はまた、小規模農家や先住民など現代社会では弱い立場にある人たちの生活の場でもあります。都市化や工業化によって、森林が減少していくということは、彼らの伝統的な知恵や生活を支える術が奪われるということであり、文化や伝統といった地域の個性、ひいては国の個性が失われる原因になりかねません。

図表30　森林や生態系の保護に関する主なターゲット

ターゲット	概要
6.6	2020年までに、山地、森林、湿地、河川、帯水層、湖沼などの水に関連する生態系の保護・回復を行う。
15.1	2020年までに、国際協定の下での義務に則って、森林、湿地、山地及び乾燥地をはじめとする陸域生態系と内陸淡水生態系及びそれらのサービスの保全、回復及び持続可能な利用を確保する。
15.2	2020年までに、あらゆる種類の森林の持続可能な経営の実施を促進し、森林減少を阻止し、劣化した森林を回復し、世界全体で新規植林及び再植林を大幅に増加させる。

［出所］外務省仮訳のターゲットに基づき、筆者作成

金融の仕組みでターゲット15・2に貢献する

森林信託

２０１８年12月、三井住友信託銀行は、個人や自治体に代わって所有林を管理する「森林信託」という日本の金融業界初のサービスを行うことを発表しました。山間地域をはじめ、高齢化や過疎化が進む地域では、山林所有者が所有林を放棄したり、林業が衰退するなどによって森林が管理されなくなり、荒れてしまうという課題があります。

これはターゲット15・2の言葉で言い換えると、「森林の持続可能な経営」が脅かされ、森林が「劣化」してしまうことを意味します。この問題を金融の仕組みで解消する試みが「森林信託」です。

三井住友信託銀行の森林信託の対象となる地域は、岡山県の西粟倉村です。西粟倉村は兵庫県と鳥取県との県境にあり、村の面積の約9割を森林が占めています。[66] 西粟倉村では2009年から「百年の森林《もり》づくり事業」を推進してきました。これは西粟倉村と山林所有者が10年間の森林管理協定を結び、西粟倉村が山林所有者に代わって作業道の整備や間伐を実施するほか、間伐材を加工して付加価値をつけた建築資材などの製造販売を行っているベンチャー企業などに、木材を販売することで得た収益の半分を山林所有者へ還元する事業です。[67]

この事業によって、西粟倉村は山林からスギやヒノキの丸太産出量を10倍にし、雇用者を増やす試みをしていました。しかし近年、山林所有者の高齢化や転居、死亡などによって相続される山林が増えただけでなく、木材価格の低迷により山林の管理・整備費用の負担増加という課題が出てきたのです。そこで、持続可能で安定的な森林整備を目的に、信託を活用した森林管理の仕組みと検討することにしました。

森林信託では、三井住友信託銀行が山林所有者から所有権を預かり、林業会社などに山林の管理、間伐、木材やキノコの出荷や販売を委託します。森林の間伐や作業道整備にかかる費用の一部は西粟倉村が補助をします。

森林信託によって三井住友信託銀行が林業会社から得た収益の一部は、西粟倉村の「百年の森林《もり》づくり事業」にのっとり、山林所有者に分配されることが予定されています。森林信託によって、管理されなかった山林地域に林業会社が入ることで、地域の木材産業の活性化と林業における雇用創出が期待されています。なお、信託期間は10年以上を予定しています。

精密林業計測に出資した三井住友信託銀行

三井住友信託銀行は、森林信託事業を行うにあたって山林管理に不可欠な測量を効率的に行うために、ドローンを活用した測量技術を持つ信州大学発ベンチャー企業の精密林業計測にも出資しました（銀行法の5％ルールの範囲内）[68]。精密林業計測は２０１７年に設立された企業で、信州大学で開発された上空から撮影した森林の写真やレーザー照射データの解析技術を活用しています。小型無人機ドローンに搭載したレーザー機能によって、樹木の種類、本数、幹の太さを正確に把握することに定評があります。また取得したデータに基づいて、間伐計画が立てやすくなることも期待されています。

林業大国と言われるスウェーデンやフィンランドなど北欧諸国では、ＩＴを活用して木材の効率的な調達・供給網を構築する「スマート林業」が定着していますが、今回の出資は日本国内でのスマート林業を後押しする取り組みになることが期待されています。

森林信託は、山林所有者にとって自ら管理しなくても所有林が適切に管理されるというメリットだけでなく、受益権を手放す必要がないというメリットもあります。仮に所有権を持っている山林所有者が死亡した場合、固定資産税や森林保険料を払う必要はありますが、受益権を持っていれば相続の手続きが楽になる点もメリットです。

また、高齢化や過疎化などの理由で山林管理に必要な人材や能力の確保が課題となる地域にとっては、ドローンの活用によってこの問題が解消することに大きな期待が寄せられています。

米国ではすでにT-REIT（Timberland Real Estate Investment Trust：林業不動産投資信託）といった森林信託商品があります。年金や退職金を森林管理の専門家に運用委託するという内容が一般的です。もちろん投資商品なので、森林や山間地域から生み出される木材や木の実や漢方の原料となる植物などの生産効率を上げるだけでなく、不法に廃棄されるごみを撤去して観光地としての森林資源の質を上げていくことで、投資家にリターンを出していくことが必須です。

三井住友信託銀行の森林信託ではまず管理コストを下げ、木材の生産効率を上げていくことから始めますが、日本の投資家は環境に関する投資商品には感度が高いため、西粟倉村の取り組みがうまくいけば、さらに他の地域での森林信託商品が盛り上がる可能性が十分あります。

この森林信託はターゲット15・2の「あらゆる種類の森林の持続可能な経営の実施の促進」そのものであり、ターゲット15・1の「森林、山地の陸域生態系の保全、回復及び持続可能な利用を確保」にもつながります。森林信託によって適切に管理される所有林や山が増えることで、ターゲット6・6の「山地、森林の水に関する生態系の保護・回復」にもつながることが十分考えられます。

10 科学技術・イノベーションの創出

世界が強く期待する「新しい市場」

ＳＤＧｓの目標9「強靭（レジリエント）なインフラ構築、包摂的かつ持続可能な産業化の促進及びイノベーションの推進を図る」では、イノベーション創出に取り組んでいくことを掲げています。

ノーベル賞に代表されるような、人類の歴史上大きな発見や革新的な技術開発だけでなく、クレジットカードやSNSといった、人々の行動をがらりと変える製品やサービスなど、人類は常日頃からイノベーションを生み出す努力を続けてきました。もちろん現在も、大学をはじめとする研究機関や企業などは最先端技術の研究を進めていますし、イノベーティブなビジネスアイデアをもって新しい市場を創り出そうという動きも活発です。

そうして創り出された科学技術・イノベーション（サイエンス、テクノロジー、イノベーションの頭文字を取ってSTIと呼ばれる）によって、私たち人類が直面している社会・経済・環境の様々な課題の解決に活用することや、よりよい政策決定のための科学的根拠として活用することに、世界は強い期待を寄せているのです。

2018年5月、科学技術外交推進会議が発表した「SDGs達成のための科学技術イノベーションとその手段としてのSTIロードマップ～世界と共に考え、歩み、創るために～」[69]にも、次のように書かれています。

SDGsは、現代の国際社会が直面する3つの挑戦、すなわち、地球システムの持続性に対する挑戦、格差へのリスクをはらむ市場経済への挑戦、民主主義に対する挑戦を乗り越えるための重要な取組でもある。多様・多層な科学技術・イノベーション（ＳＴＩ）は、ＳＤＧｓを達成する上で、有限のリソースを最適化し拡大を図る「切り札」としてその実現に貢献できる可能性を有しており、不可欠な横断的要素と言える。

これは科学技術やイノベーションから生み出された成果を有効に活用しなければ、ＳＤＧｓは達成できないと言い換えることができます。

一方、ＳＤＧｓ達成の観点から、どのような技術を開発するべきか、どんなイノベーションが起こることが望ましいかを考えることも必要でしょう。実際の検討や取り組みを進めるには、政府、大学、研究機関、企業、ＮＧＯ／ＮＰＯなど様々な組織が、それぞれの立場を活かしつつ、柔軟な発想を持って連携していくことが重要になります。こうしたパートナーシップを通じた取り組みはＳＤＧｓの目標17にもつながります。

図表31　科学技術イノベーションの創出に関する主なターゲット

ターゲット	概要
8.2	高付加価値セクターや労働集約型セクターに重点を置くことなどにより、多様化、技術向上及びイノベーションを通じた高いレベルの経済生産性を達成する。
8.3	生産活動や適切な雇用創出、起業、創造性及びイノベーションを支援する開発重視型の政策を促進するとともに、金融サービスへのアクセス改善などを通じて中小零細企業の設立や成長を奨励する。
9.5	2030年までにイノベーションを促進させることや100万人当たりの研究開発従事者数を大幅に増加させ、また官民研究開発の支出を拡大させるなど、開発途上国をはじめとするすべての国々の産業セクターにおける科学研究を促進し、技術能力を向上させる。
9.b	産業の多様化や商品への付加価値創造などに資する政策環境の確保などを通じて、開発途上国の国内における技術開発、研究及びイノベーションを支援する。
17.6	科学技術イノベーション（STI）及びこれらへのアクセスに関する南北協力、南南協力及び地域的・国際的な三角協力を向上させる。また、国連レベルをはじめとする既存のメカニズム間の調整改善や、全世界的な技術促進メカニズムなどを通じて、相互に合意した条件において知識共有を進める。

［出所］外務省仮訳のターゲットに基づき、筆者作成

「技術促進メカニズム」とは何か

科学技術イノベーション創出に関するSDGsのターゲットを取り上げてみると、科学技術イノベーションを生み出す取り組みや支援（8・3、9・5、9・b、17・6）と、科学技術イノベーションを活用した課題解決の取り組み（8・2）の2つに分けられることに気が付きます。

前者の取り組み例としては、企業やベンチャーキャピタル、公的機関などが提供する起業支援プログラムや、ビジネスプランコンテストの開催が近年では代表的かもしれません。またスタートアップを含む企業同士の提携や産官学連携の研究開発事業なども好事例でしょう。これらはターゲットの8・3や9・5に該当します。創業支援に関する融資やベンチャーキャピタル、コーポレートベンチャーキャピタルによる投資も9・5の取り組みの一つです。

9・bや17・6は途上国向けの科学技術イノベーションを生み出すことや、途上国の大学や研究機関、スタートアップを含む企業の技術開発やイノベーション創出支援に取り組みましょう、といった、途上国向けの支援について書かれています。最近ではインドやアフリカのスタートアップとの提携を目的に、それらの国々のインキュベーション施設を訪れる日本企業も増えています。

17・6に書かれている「技術促進メカニズム」とは、SDGsが採択された後、科学技術によるSDGs支援のために導入された仕組みです。技術促進メカニズムには、①STIに関連する国連の各機関を調整するタスクチームの設置、②STIプログラムや優良事例など情報を得られるオンラインプラットフォームの構築、③SDGsへのSTIの貢献について議論を行うSTIフォーラムの定期開催の3つの機能があります。

つまり、企業や大学などが、国際社会に向けて科学技術イノベーションの取り組みを積極的に発信することは、上記の②や③に貢献する可能性があります。情報発信頻度を高める、情報発信の内容を向上させるといった取り組みも17・6に含まれると言えるでしょう。

科学技術イノベーションを活用した課題解決の取り組み（8・2）について言えば、他のターゲットの取り組みにおいても科学技術イノベーションを可能な限り活用することが求められていると考えるべきです。ただ「何をもって科学技術イノベーションだと言えるのか」については、決まった見解や定義などがあるわけではありませんし、これだけで本が何冊も書けてしまうほど、国内外で様々な議論が展開されています。

そこで事例については、ターゲット8・2につながる取り組みとして、社会課題の解決に向けて新たな技術や製品開発が行われたり、技術開発のための公的支援が行われたりしたものを中心に取り上げていきます。

東南アジアの農家を支援する天候インデックス保険

損害保険ジャパン日本興亜[70]では、農業に対する気候関連のリスクを低減するために、東南アジア向けの天候インデックス保険を開発し、提供しています。天候インデックス保険とは、気温、風量、降水量などの気候に関する指数が、事前に定めた一定条件を満たした場合に、定額の保険金を支払う保険商品です。気候変動の影響を受けやすい農業が主な対象産業です。

同社は東南アジアで、農業経営のリスクを軽減するためにこの商品を農家向けに販売しています。

また、ミャンマーにおいて乾燥地域で米やゴマを栽培する農家を対象に、干ばつリスクの軽減に対応した天候インデックス保険を、リモート・センシング技術センター（RESTEC）と共同で開発しています。RESTECによって地球観測衛星から推定された雨量データと損保ジャパン日本興亜が持つリスク評価技術を活用することで、作物の生育予測や災害リスクなどを踏まえて保険の支払い条件などを設定しています[71]。

タイでは、タイ農業協同組合銀行（ＢＡＡＣ）と協業し、ＢＡＡＣがローン契約者である農家に対して保険加入の募集を行うことで、農家が安心して天候インデックス保険に加入できるような仕組みにし、販売対象地域を年々拡大しています。

またフィリピンでは台風被害に苦しむ農家が多いことに着目し、台風の中心が対象エリアを通過した際に一定の保険金が支払われる「台風ガード保険」をミンダナオ島で提供しています。

インドネシアでは国際協力機構（ＪＩＣＡ）の協力準備調査事業のもと、インドネシア向けの天候インデックス保険の開発とビジネスモデルを構築しています[72]。

損害保険ジャパン日本興亜の天候インデックス保険は、国内外から高い評価を受けています。国連開発計画が主導する、商業活動と持続可能な開発を両立するビジネスモデルの構築を促進する「ビジネス行動要請（ＢＣｔＡ）」に応える取り組みに認定されています。またミャンマーでの天候インデックス保険は、第2回宇宙開発利用大賞で内閣府特命担当大臣（宇宙政策）賞を受賞しています。

自然の技術を活かすネイチャーテクノロジー

ネイチャーテクノロジーとは、自然の生き物の持つ低環境負荷で高度な機能に学び、科学技術や産業（商品・サービスの開発）に応用する試みです。自然はエネルギーを効率よく運営しているだけでなく、完璧な循環を保っています。それを科学の視点から分析して、人間の生活に必要な技術を選び、リ・デザインすることで新しいモノづくりや暮らし方を提案することができます[73]。

最近では様々なネイチャーテクノロジーを応用した製品開発が進められています。例えば、シロアリの消化に着目して生ごみから水素を生成する技術の開発があります。

シロアリは木造家屋の柱や土台を食い荒らすため害虫扱いされますが、木や落ち葉に含まれるセルロースを消化できる微生物を腸内に持っています。多くの動物がセルロースを消化できず、そのまま体外に排出しているのに対し、シロアリは腸内の微生物のおかげでセルロースを分解し栄養源を生み出しているのです。シロアリがセルロースを腸内で消化・分解する過程で、副産物として水素や二酸化炭素が作られることが分かっています。そこで、シロアリの腸内微生物を利用した水素発生に関する研究が進められ、生ごみから水素を生成する技術の開発が進められています[74]。将来は水素エネルギーという、環境負荷の低いエネルギーをシロアリから生成することができるかもしれません。

そのほかには、砂漠に住む虫の水を吸収する体の仕組みを応用したインク射出製品があります。南西アフリカのナミビアにあるナミブ砂漠には、キリアツメゴミムシダマシという名前の虫がいます。この虫の背中にはいくつもの凸凹があり、凸凹のてっぺんには水を引き付ける性質、谷間には水をはじく性質があります。

この性質を利用して、キリアツメゴミムシダマシは霧を含んだ風に向かって、お尻を突き上げる格好をとることで、霧に含まれる細かい水滴を背中の谷間に集め、水分を摂取することができるのです。

この仕組みに着目して、シルクスクリーンや射出成形、プリンターで水分を引き付けるインクをアセテートシートの上に吹き付ける方法がキネティックによって紹介されています[75]。

キネティックはイギリスの国防省傘下の研究機関である国防評価・研究庁（ＤＥＲＡ）が２００１年に分割された際に民営化・独立した企業です。テントなどに応用すると、水不足の地域でも安心して水を供給できるなど、厳しい環境でも人間が生き延びるための製品に役立つことが期待されています。

どうやって取り組みテーマを考えるか

本章で取り上げたテーマは、日本が長年取り組んできた「社会・環境におけるお困りごと」、「さらなる改善が求められていること」ばかりです。したがってSDGsが採択される以前から政府や自治体、企業や地域社会が取り組んできた内容が並んでいますし、取り上げている事例も、「SDGsに貢献するために始めた」ものが見当たらないことに気付いた方も多いことでしょう。

しかし、従来の取り組みを粛々と続けるのではなく、一歩進んだ、もしくは大胆な方法でそれぞれのテーマに取り組むことがSDGs達成に向けて求められています。ここで取り上げた事例[76]は、企業のトップの推進意思が強く、全社を巻き込んだ取り組みや、業界の垣根を越えて他社と連携したり、政府や地域住民など多数のステークホルダーを巻き込んだ取り組みを中心に取り上げてきました。

そんな方法を選択できるのは、「グローバルに展開している企業だからじゃないか」「結局資金も人材もある大企業だからじゃないか」と考えがちですが、ぜひ視点を変えて「取り組み事例で紹介した内容の一部なら、できるかもしれない」「自社の技術を他社の製品と組み合わせたら、もっと効率的に進められるのに」というように考えてみていただければと思います。

その上で取り組みのテーマを選ぶ際には、①自社の製品やサービスの強みを十分に活かすことができる、②気になる・関心がある、という理由でも十分ですが、③自分の子どもや孫にはこんな世界で暮らしてほしい、という観点を持って選ぶことも大切です。

また具体的な取り組み内容を考える際には、自社で今できることだけではなく、今までやったことないけど、実はこんなことをやってみたいという発想も必要です。そして思いついたアイデアをもとに、第4章で紹介したロジックモデルを作成してみましょう。ロジックモデル上に現れるステークホルダーが多く、取り組みの波及効果を大きくできる可能性が高いもの、そして自社の製品やサービスなどの強みが活かせるものがオススメです。

おわりに

本書では、ＳＤＧｓ（持続可能な開発目標）に何らかの関心のある方のために、ＳＤＧｓに関する基礎知識や取り組み方について解説してきました。

ＳＤＧｓは、人類共通の課題に対して官民あげて全力で取り組まなければ、これ以上豊かな世界の維持・発展が望めないという危機感から生まれています。平和、貧困、医療、水、エネルギー、まちづくり、環境、災害対策など、先進国も途上国も問わない内容からなり、企業による社会への影響力を強く意識しています。ＳＤＧｓのそれぞれの目標は、いわば、２０３０年に向けた世界共通の成長戦略だと言えます。

ＳＤＧｓには、企業経営の視点からは、事業開発・拡大、人材獲得、コミュニケーションツールとしての魅力を感じることができます。また、最近広がっているＥＳＧ（環境、社会、ガバナンス）投資との関係も深く、上場企業に加えて非上場企業にもＳＤＧｓの取り組みが広がっています。

ＳＤＧｓへの取り組み方について、本書を通じて最もお伝えしたかったのは、皆さん一人ひとりが持っている「こんなふうに貢献したい」という意欲が何よりも大切だということです。外から与えられるやる気（例：取引条件や規制などを理由に動くこと）よりも、内から湧き上がる興味関心によるやる気（例：製品・サービスの魅力を通じて顧客や社会に貢献したいと思うこと）の方が、取り組みの勢いが長続きするでしょうし、持続可能性（サステナビリティ）に立ち向かうにはそれが必要なのです。

SDGsの最初のSは「サステナブル」のSですが、このサステナビリティをどう捉えるかが大切なポイントです。

サステナビリティとは、環境・社会・経済という3つの価値をバランスさせて、現世代のニーズにも、将来世代のニーズにも応えることのできる活動で達成されます。達成するために、目先の利益だけを追うことも、利益を犠牲にして環境や社会のためだけにお金を使うことも、どちらも正解とは言えません。

特に目先の利益ばかりを追うような企業や個人の意思決定や、国や自治体の政策選択の積み重ねが、サステナブルではない社会を作ってしまいます。これでは、現時点で大きな声を出せない子どもたちなど将来世代や自然環境は、どうしても割を食ってしまいがちです。

SDGsは17の目標から構成されているように、特定の分野だけを取り上げて「達成できた」というわけにはいきません。また、事業を通じてやるべきことと、やることを差し控えるべきことが含まれています。

こうした性格のあるSDGsへの取り組み方として、本書では「ロジックモデル」を紹介しました。皆さんの「この製品・サービスが好きだ」というわくわくする気持ちを入り口に、SDGsの目標までをたどる道筋を作るのが第一段階です。製品・サービスを買ってくれた顧客やその周辺環境にどのような変化が生まれるのか、ということを想像して、考えうる因果関係をつなげていくのです。

ロジックモデルを作る過程で、「ここを強化すると、もっとこの『わくわく』が多くの人に伝わる」などの新しい気付きがあるかもしれません。また、ロジックモデルには、顧客のお困りごとの解決を売りにする提案営業と親和性が高い側面があります。ぜひ、活用していただきたいと思います。

さらに、より新しい取り組みを生み出すための手がかりとして、バックキャスティングの方法でロジックモデルの左右をひっくり返す方法を紹介しました。SDGsの大きなゴールから、少しずつ自分に引き付けていくプロセスは、興味関心の幅を広げてくれることが期待できます。

具体的な取り組みのヒントとして、9つのテーマを挙げて、SDGsの169のターゲットの中から関連するものを整理し、SDGsが伝えたいことを読み解いていきました。女性の活躍、教育と職業訓練、健康と長寿の達成、安全で住みやすいまちづくり、エネルギー利用やCO_2の削減、持続可能な消費、海洋プラスチックごみの削減、森林や生態系の保護、科学技術・イノベーションの創出の9つのテーマには、どこかしら、皆さんとの接点があると考えています。

17の目標すべてをまんべんなくカバーしていないことが気になる方もいるかもしれません。17すべてに関する取り組みをとりあえずやってみる、のもよいと思いますが、今持っている資産（人材や製品、技術・知見など）を十分に活かした、「大胆かつ革新的な」取り組みを考えてみることをお勧めします。

本書を読み終えてくださった皆さんが、「SDGsは案外身近なことにつながっているな」「こんなところからも世界のゴール達成に貢献できるかもしれない」「今度、こんな話を同僚としてみよう」という気持ちでSDGsに取り組み、その取り組みそれぞれがやがて、持続可能で豊かな世界を構成する粒子のようになっていくことを祈ります。

筆者がシンクタンクの仕事を通じてＳＤＧｓに本格的に関わるようになったのは、ＳＤＧｓが採択された２０１５年秋のことでした。当時は、ＳＤＧｓが大事だとは言いつつ、まさかここまで注目が高まるとは思っていませんでした。

本書をまとめることができたのは、日々、ＳＤＧｓに関する相談を持ち掛けてくださったり、セミナーやワークショップで率直な意見や疑問をぶつけてくださったりする方々のおかげです。自分たちのアタマだけで考えていたら決して思いもよらないような、これらのコミュニケーションを積み重ねられたことで、筆者なりの考えを持つに至りました。企業や自治体の方々、学生の方々、同僚、友人たちに心から感謝申し上げます。ありがとうございました。

２０１９年６月

村上芽
渡辺珠子

参考資料

第1章

［1］外務省仮訳。出所：https://www.mofa.go.jp/mofaj/files/000101402.pdf（2019年5月アクセス）

［2］戦略や目標といった用語については、経営学では「ビジョン→ミッション→ゴール→オブジェクティブ→ストラテジー→タクティクス」といった構造で説明されることもあります。「2030アジェンダ」ではアジェンダを「行動計画」と訳していますが、企業経営においては「戦略」レベルに相当すると考えられます。

［3］企業活力研究所［2017］「平成28年度『CSR研究会』報告　—社会課題（SDGs等）解決に向けた取り組みと国際機関・政府・産業界の連携のあり方—」によると、SDGsの17のゴールのうち重視する課題について企業に聞いたところ、目標2を選んだ企業は約15％という回答結果で、国内では下から2番目、海外では下から3番目でした。

［4］カロリーベース総合食料自給率の2017年度の値。農林水産省「食料自給率とは」サイトを参照。出所：http://www.maff.go.jp/j/zyukyu/zikyu_ritu/011.html

［5］ユニセフ「世界子供白書2017」、表2「栄養指標」。出所：https://www.unicef.or.jp/sowc/pdf/02.pdf

［6］厚生労働省「平成26年　国民健康・栄養調査報告」第89表。出所：https://www.mhlw.go.jp/bunya/kenkou/eiyou/dl/h26-houkoku.pdf

［7］169のターゲットの訳は、外務省仮訳［1］のまま使用しています。なお、総務省の「持続可能な開発

目標（ＳＤＧｓ）」のページにも総務省仮訳のエクセルファイルが掲載されており、閲覧しやすくなっています。出所：http://www.soumu.go.jp/toukei_toukatsu/index/kokusai/02toukatsu01_04000212.html

[8] 世界保健機関「国際栄養目標２０２５」。２０１２年に設定されました。出所：https://www.who.int/nutrition/global-target-2025/en/

[9] 生物多様性条約　名古屋議定書　愛知目標の目標13や目標16が近い内容です。出所：https://www.biodic.go.jp/biodiversity/about/aichi_targets/index_03.html

[10] 生物多様性とは①生態系の多様性、②種の多様性、③遺伝子の多様性の３つのレベルであり、同じ種でも、遺伝子の形が異なると、体の形や模様、生態系に多様な個性が出ます。

[11] 日本損害保険協会ニュースリリース「平成30年台風21号および台風24号に係る各種損害保険の支払件数・支払保険金（見込含む）等について【No.18/034】」、２０１８年11月19日発表。出所：http://www.sonpo.or.jp/news/release/2018/1811_02.html

[12] Colin P. Kelly, Shahrzad Mohtadi, Mark A. Cane, Richard Seager, Yochanan Kushnir [2015], "Climate change in the Fertile Crescent and implications of the recent Syrian drought"

[13] 国連文書　A/70/L.1　出所：https://sustainabledevelopment.un.org/post2015/transformingourworld

[14] Global Footprint Network "Living Planet Report 2014 Summary" P13　出所：https://www.footprintnetwork.org/content/images/article_uploads/LPR2014_summary_low_res.pdf

[15] 「ＦＲａＵ ２０１９年１月号」講談社

[16] 国連資料のサイトに原文が掲載されています。出所：http://www.un-documents.net/wced-ocf.htm

[17] 日本語訳については外務省の用語を参照。出所：https://www.mofa.go.jp/mofaj/gaiko/kankyo/sogo/kaihatsu.html
[18] 国際連合広報センター「国連創設70周年」ウェブサイトより。出所：http://www.unic.or.jp/activities/international_observances/un70/un_chronicle/brundtland/
[19] 日本経済団体連合会　２０１７年11月18日お知らせ「企業行動憲章の改定について」より抜粋。出所：http://www.keidanren.or.jp/announce/2017/1108.html
[20] Society 5.0とは、内閣府「総合科学技術・イノベーション会議」により「サイバー空間（仮想空間）とフィジカル空間（現実空間）を高度に融合させたシステムにより、経済発展と社会的課題の解決を両立する、人間中心の社会（Society）」と定義されています。これは、日本政府の「第5期科学技術基本計画」（２０１６年1月22日閣議決定）で、目指すべき未来社会の姿として提唱されました。出所：https://www8.cao.go.jp/cstp/society5_0/index.html
[21] 例えば国連による「ビジネスと人権指導原則」は２０１０年に採択されています。
[22] 外務省「ジャパンＳＤＧｓアワード」ウェブサイトより。出所：https://www.mofa.go.jp/mofaj/gaiko/oda/sdgs/award/index.html
[23] 首相官邸　持続可能な開発目標（ＳＤＧｓ）推進本部「持続可能な開発目標（ＳＤＧｓ）実施指針」。出所：https://www.kantei.go.jp/jp/singi/sdgs/dai2/siryou1.pdf
[24] 首相官邸　持続可能な開発目標（ＳＤＧｓ）推進本部「ＳＤＧｓアクションプラン２０１９」など。出所：https://www.kantei.go.jp/jp/singi/sdgs/pdf/actionplan2019.pdf

第2章

［1］財務省「法人企業統計年報」平成29年度結果概要によれば、利益剰余金は約446兆円、現金・預金は約222兆円となっています。出所：https://www.mof.go.jp/pri/reference/ssc/results/h29.pdf

［2］ビジネス&持続可能開発委員会報告書［2017年11月］「より良きビジネス、より良き世界」概要P6、P9。出所：http://report.businesscommission.org/uploads/Japanese.pdf

［3］例えば電通「SDGsに関する生活者調査」、朝日新聞社「SDGs認知度調査」など。

［4］文部科学省　旧学習指導要領　小学校指導要領（平成10年12月）、文部省告示第175号で新設されました。出所：http://www.mext.go.jp/a_menu/shotou/cs/1319941.htm

［5］トロールバック+カンパニー、ウェブサイトより。出所：https://trollback.com/projects/global-goals/

［6］責任投資原則の日本語概要資料のP4に、6つの原則が掲載されています。出所：https://www.unpri.org/download?ac=1541

［7］SWEN Capital Partnersウェブサイトより。出所：http://www.swen-cp.fr/（2019年5月アクセス）

［8］ETF Partnersウェブサイトより。出所：https://etfpartners.capital/

［9］ETF Partnersウェブサイトより。出所：https://idb.etfpartners.capital/about/our-impact（2019年5月アクセス）

第3章

［1］グローバル・コンパクト・ネットワーク・ジャパン（GCNJ）。このアンケートは、GCNJと、地球環

境戦略研究機関（ＩＧＥＳ）が共同して行っているもので、２０１８年分の結果は「主流化に向かうＳＤＧｓとビジネス　～日本における企業・団体の取組み現場から」という報告書（２０１９年2月発刊）にまとめられています。出所：https://pub.iges.or.jp/pub/Mainstreaming_the_SDGs_in_Business

［2］環境省「持続可能な開発目標（ＳＤＧｓ）活用ガイド」。出所：https://www.env.go.jp/policy/sdgs/index.html

［3］日本では経済産業省産業技術環境局国際標準課と日本規格協会が担当しています。

［4］国連開発計画「SDGs Impact」ウェブサイトより。出所：https://sdgimpact.undp.org/

［5］ＧＣＮＪ、ＩＧＥＳ［２０１９］

［6］東京都産業労働局２０１８年9月28日報道発表資料。出所：http://www.metro.tokyo.jp/tosei/hodohappyo/press/2018/09/28/04.html

［7］業種によっては、『建築産業にとってのＳＤＧｓ―導入のためのガイドライン―』（一般財団法人日本建築センター、２０１９）のような解説書もあります。

第4章

［1］アウトプットやアウトカムについては様々な定義がありますが、本書では、内閣府委託調査「社会的インパクト評価に関する調査研究」（三菱ＵＦＪリサーチ＆コンサルティング、２０１６年3月）を参考に、アウトプットを「組織や事業がもたらす製品やサービスなど」、アウトカムを「組織や事業のアウトプットがもたらす変化、便益、学びその他効果」としています。出所：https://www.npo-homepage.go.jp/

uploads/social-impact-hyouka-chousa-all.pdf

［2］国連世界観光機関（ＵＮＷＴＯ）によると、「持続可能な観光」とは、旅行者、観光産業、環境と観光地コミュニティの要求に対応し、現在及び将来の経済・社会・環境への影響を十分に考慮にいれた観光のことを指します。出所：http://sdt.unwto.org/content/about-us-5

［3］世界気象機関　２０１８年11月20日発表。出所：https://public.wmo.int/en/media/press-release/greenhouse-gas-levels-atmosphere-reach-new-record

［4］例えばスタンダード&プアーズ［２０１４］“Climate Change Is A Global Mega-Trend For Sovereign Risk”　出所：https://www.maalot.co.il/publications/GMR20140518110900.pdf

［5］神戸市　２０１７年７月20日記者提供資料。出所：http://www.city.kobe.lg.jp/information/press/2017/07/20170720040801.html
成果については同事業を支援する社会的投資推進財団の発表に掲載されています。出所：http://www.siif.or.jp/wp-content/uploads/2018/10/181024_SIB%E7%A5%9E%E6%88%B8_%E4%B8%AD%E9%96%93%E6%88%90%E6%9E%9C%E8%A9%95%E4%BE%A1%E5%A0%B1%E5%91%8A.pdf

［6］八王子市　２０１８年10月11日更新資料。出所：https://www.city.hachioji.tokyo.jp/kurashi/hoken/kennsinn/p023983.html

［7］内閣府「ＮＰＯホームページ」ウェブサイトより。出所：https://www.npo-homepage.go.jp/toukei/sonota-chousa/social-impact-sokushin-chousa

［8］社会的インパクト評価イニシアチブ、ウェブサイトより。出所：http://www.impactmeasurement.jp/

about/

［9］厚生労働省［2016］「平成28年国民生活基礎調査の概況」

［10］経済協力開発機構（OECD）データベース「Poverty rate」より。出所：https://data.oecd.org/inequality/poverty-rate.htm

第5章

［1］女性活躍推進法では、従業員301名以上の企業には、女性活躍に関する状況把握と課題分析、課題解決に向けた数値目標と取組み内容を示した行動計画の策定・届出・周知・公表と、自社の女性の活躍に関する情報の公表が求められるようになりました。厚生労働省「女性活躍推進法特集ページ」ウェブサイトより。出所：https://www.mhlw.go.jp/stf/seisakunitsuite/bunya/0000091025.html

［2］首相官邸　持続可能な開発目標（SDGs）推進本部「SDGsアクションプラン2019〜2019年に日本の『SDGsモデル』の発信を目指して〜」。出所：https://www.kantei.go.jp/jp/singi/sdgs/pdf/actionplan2019.pdf（2019年1月アクセス）

［3］外務省仮訳。以下、第5章の図表31まで同じ。出所：https://www.mofa.go.jp/mofaj/files/000101402.pdf（2019年5月アクセス）。なお、筆者独自に「障がい」と表記しています。

［4］経済産業省「平成30年度なでしこ銘柄レポート」。出所：https://www.meti.go.jp/policy/economy/jinzai/diversity/pdf/H30fy_nadeshiko.pdf（2019年1月アクセス）

［5］カルビー、CSR活動ウェブサイトより。出所：https://www.calbee.co.jp/csr/social/diversity.php

（２０１９年3月アクセス）

[6] 帝国データバンク「特別企画：女性登用に対する企業の意識調査（２０１８年）」。出所：http://www.tdb.co.jp/report/watching/press/pdf/p180805.pdf

[7] ソーシャルデザインラボウェブサイトより。出所：http://hatarakuba.com/%E9%80%B2%E5%8C%96%E3%81%99%E3%82%8B%E7%B5%84%E7%B9%94/alterna0103/（２０１９年2月アクセス）

[8] カルビー、CSR活動ウェブサイトより。出所：https://www.calbee.co.jp/csr/value/diversity.php（２０１９年3月アクセス）

[9] Value Pressウェブサイトより。出所：https://www.value-press.com/pressrelease/217007（２０１９年3月アクセス）

[10] ワリスウェブサイトより。出所：https://workagain.waris.jp/intern（２０１９年3月アクセス）

[11] ワリスウェブサイトより。出所：https://waris.jp/index.html（２０１９年3月アクセス）

[12] ワリスウェブサイトより。出所：https://waris.co.jp/service_for_companies_b（２０１９年3月アクセス）

[13] リクルートマーケティングパートナーズ、スタディサプリウェブサイトより。出所：http://www.recruit-mp.co.jp/service/sapuri.html（２０１９年1月アクセス）

[14] リクルートマーケティングパートナーズ、スタディサプリウェブサイト及び同社提供。出所：http://www.recruit-mp.co.jp/service/sapuri.html（２０１９年4月アクセス）

[15] European Responsible Housing Awards Handbook 2016より。出所：https://www.iut.nu/wp-content/

uploads/2018/08/EUROPEAN-RESPONSIBLE-HOUSING-AWARDS-HANDBOOK-2016.pdf
［16］ＥＵＲＨＯＮＥＴウェブサイトより。出所：https://www.eurhonet.eu/1947-2/csr-new/csr-awards/
［17］内閣府「平成30年版高齢社会白書」。出所：https://www8.cao.go.jp/kourei/whitepaper/w-2018/zenbun/30pdf_index.html
［18］首相官邸　持続可能な開発目標（ＳＤＧｓ）推進本部「持続可能な開発目標（ＳＤＧｓ）実施指針」より。
［19］外務省ウェブサイト「たばこの規制に関する世界保健機関枠組条約」平成30年12月5日。出所：https://www.mofa.go.jp/mofaj/gaiko/who/fctc.html
［20］経済産業省　健康経営の推進ウェブサイトより。出所：https://www.meti.go.jp/policy/mono_info_service/healthcare/kenko_keiei.html（２０１９年3月アクセス）
［21］ＳＣＳＫ、ニュースリリース　２０１９年2月21日。出所：https://www.scsk.jp/news/2019/pdf/20190221.pdf
［22］Access to Medicine Foundation (2018), Access to Medicine Index 2018 Ranking　出所：https://accesstomedicinefoundation.org/access-to-medicine-index/2018-ranking（２０１９年3月アクセス）
［23］グラクソ・スミスクライン、ウェブサイトより。出所：https://www.gsk.com/en-gb/media/press-releases/gsk-expands-graduated-approach-to-patents-and-intellectual-property-to-widen-access-to-medicines-in-the-world-s-poorest-countries/
［24］グラクソ・スミスクライン、ウェブサイトより。出所：https://www.gsk.com/en-gb/media/press-releases/gsk-expands-graduated-approach-to-patents-and-intellectual-property-to-widen-access-to-

medicines-in-the-world-s-poorest-countries/
［25］国連経済社会局ニュースリリースより。出所：https://www.un.org/development/desa/en/news/population/2018-revision-of-world-urbanization-prospects.html
［26］Development Education.ieウェブサイトより。出所：https://developmenteducation.ie/resource/sustainable-cities-and-communities-education-resource-for-teachers-and-facilitators/
［27］ＵＮＥＰ日本語情報サイトより。出所：https://ourplanet.jp/%E3%82%B9%E3%83%A9%E3%83%A0%E3%81%AE%E3%81%AA%E3%81%84%E9%83%BD%E5%B8%82
［28］「環境未来都市」構想ウェブサイトより。出所：http://future-city.jp/torikumi/（２０１９年2月アクセス）
［29］内閣府地方創生推進室　報道資料より。出所：https://www.kantei.go.jp/jp/singi/tiiki/kankyo/teian/pdf/result01.pdf
［30］ＩＴＵウェブサイトより。出所：https://www.itu.int/en/sustainable-world/Pages/goal11.aspx
［31］塩尻市企画政策部「塩尻市の情報化のあゆみと今後」より。出所：https://www.city.shiojiri.lg.jp/gyosei/shisaku/johoka/joho20170411.files/2_20170411.pdf
［32］ＩＴＵウェブサイトより。出所：https://www.itu.int/en/sustainable-world/Pages/goal11.aspx
［33］２０１６年時点の統計に基づいています。世界銀行ウェブサイトより。出所：https://data.worldbank.org/indicator/EG.ELC.ACCS.ZS
［34］SDGs.TVウェブサイトより。出所：https://sdgs.tv/tg_mov/goal7（２０１９年4月アクセス）

[35] 世界銀行ウェブサイトより。出所：https://data.worldbank.org/indicator/eg.fec.rnew.zs

[36] アジア開発銀行ニュースサイトより。出所：https://www.adb.org/news/new-facility-mobilize-1-billion-asean-green-infrastructure

[37] Science Based Targetsウェブサイトより。出所：https://sciencebasedtargets.org/companies-taking-action/（２０１９年４月アクセス）

[38] Science Based Targetsウェブサイトより。出所：https://sciencebasedtargets.org/case-studies-2/case-study-kellogg/（２０１９年４月アクセス）

[39] Science Based Targetsウェブサイトより。出所：https://sciencebasedtargets.org/2015/12/08/114-companies-commit-to-set-ambitious-science-based-emissions-reduction-targets-surpassing-goal/

[40] 国際環境研究所「２０１７年度（平成29年度）の温室効果ガス排出量（確報値）」より。出所：http://www.nies.go.jp/whatsnew/jqjm1000000gizf4-att/jqjm1000000gj00f.pdf

[41] ａｍａｚｏｎウェブサイトより。出所：https://aws.amazon.com/jp/about-aws/sustainability/

[42] ＳＢエナジーウェブサイトより。出所：https://www.sbenergy.co.jp/ja/news/pdf/press_20190409_01.pdf

[43] 消費者庁「「倫理的消費」調査研究会取りまとめ～あなたの消費が世界の未来を変える～」より。出所：https://www.caa.go.jp/policies/policy/consumer_education/consumer_education/ethical_study_group/pdf/region_index13_170419_0002.pdf

[44] セイコーエプソン　ペーパーラボ　製品仕様概要ウェブサイトより。出所：https://www.epson.jp/

products/paperlab/spec.htm（２０１９年５月アクセス）

［45］処理枚数は64ｇ／㎡・Ａ４サイズで換算、生産枚数は90ｇ／㎡・Ａ４サイズで換算しています。出所：https://www.epson.jp/products/paperlab/spec.htm

［46］２０１９年４月時点でペーパーラボのウェブサイトには7社と3市町村への導入事例が掲載されています。セイコーエプソン　ペーパーラボ　メディア掲載情報ウェブサイトより。出所：https://www.epson.jp/products/paperlab/media.htm

［47］世界食糧機構　Food wastage footprint Impacts on natural resources Summary Report より。出所：http://www.fao.org/3/i3347e/i3347e.pdf

［48］環境省　報道資料「我が国の食品廃棄物等及び食品ロスの発生量の推計値（平成28年度）の公表について」より。なお、同年の食品廃棄物等は約２７５９万トン。出所：https://www.env.go.jp/press/106665.html

［49］一人当たりの年間食品ロス量は、日本総合研究所推計。一人当たりの年間コメの消費量は、消費者庁消費者政策課「食品ロス削減関係参考資料」（平成30年6月21日版）より。出所：https://www.caa.go.jp/policies/policy/consumer_policy/information/food_loss/efforts/pdf/efforts_180628_0001.pdf

［50］農林水産省「食品リサイクル法の基本方針改正案等について」より。出所：http://www.maff.go.jp/j/council/seisaku/syokusan/recycle/h31_1/attach/pdf/index-7.pdf

［51］２０１８年６月に閣議決定した第四次循環型社会形成推進基本法に記載されています。環境省「第四次循環型社会形成推進基本計画の概要」より。出所：https://www.env.go.jp/recycle/circul/keikaku/

gaiyo_4_2.pdf

［52］農林水産省「食品ロスの削減に資する容器包装の高機能化事例集」より。出所：http://www.maff.go.jp/j/press/shokusan/kankyoi/attach/pdf/171027-1.pdf

［53］農林水産省「食品産業もったいない大賞について」ウェブサイトより。出所：http://www.maff.go.jp/j/shokusan/recycle/ondanka/mottai/mottai.html

［54］外務省　フードロス対策について考える「あら〜麺を食べる会」の開催（結果）より。出所：https://www.mofa.go.jp/mofaj/press/release/press4_005164.html

［55］Ｙａｈｏｏニュース　２０１８年９月27日記事より。出所：https://news.yahoo.co.jp/byline/iderumi/20180927-00097853/（２０１９年５月アクセス）

［56］World Economic Forum "The New Plastics Economy Rethinking the future of plastics" January 2016より。出所：http://www3.weforum.org/docs/WEF_The_New_Plastics_Economy.pdf

［57］Jenna R. Jambeck,*, Roland Geyer, Chris Wilcox, Theodore R. Siegler, Miriam Perryman, Anthony Andrady, Ramani Narayan, "Plastic waste inputs from land into the ocean" より。出所：https://science.sciencemag.org/content/347/6223/768?panels_ajax_tab_trigger=tab-pdf&panels_ajax_tab_tab=jnl_sci_tab_pdf&_=1557234509583&sso=1&sso_redirect_count=1&oauth-code=a47e7ba6-5c82-4636-bf3b-fe5ea883003a

［58］European Commission "Proposal for a DIRECTIVE OF THE EUROPEAN PARLIAMENT AND OF THE COUNCIL on the reduction of the impact of certain plastic products on the environment" より。

出所：http://ec.europa.eu/environment/circular-economy/pdf/single-use_plastics_proposal.pdf
［59］環境省　G7シャルルボワサミット　結果報告（気候変動及び海洋関係）より。出所：https://www.env.go.jp/council/03recycle/【参考資料1】シャルルボワサミット結果報告.pdf
［60］日本コカ・コーラ、ニュースリリースより。出所：https://www.cocacola.co.jp/press-center/news-20180119-21（２０１９年2月アクセス）
［61］日本コカ・コーラ、サステナビリティレポート２０１８より。出所：https://www.cocacola.co.jp/sustainability/sustainability-report/2018/environment05
［62］Starbucksプレスリリースより。出所：https://stories.starbucks.com/press/2018/starbucks-to-eliminate-plastic-straws-globally-by-2020/（２０１９年2月アクセス）
［63］環境省「プラスチックを取り巻く国内外の状況」（平成30年８月）より。出所：http://www.env.go.jp/council/03recycle/y0312-01/y031201-2r3.pdf
［64］Circulate Capitalプレスリリースより。出所：https://www.circulatecapital.com/press/closed-loop-spins-off-ocean-plastic-venture-as-circulate-capital（２０１９年2月アクセス）
［65］Circulate Capitalプレスリリースより。出所：https://www.circulatecapital.com/press/waste360
［66］毎日新聞「森林管理　合宿で活用手法を学ぼう　西粟倉村で来月／岡山」（２０１８年10月13日）より。出所：https://mainichi.jp/articles/20181013/ddl/k33/040/554000c
［67］三井住友信託銀行、プレスリリースより。出所：https://www.smtb.jp/corporate/release/pdf/180227.pdf

[68] 日本経済新聞電子版「信州大系の精密林業計測に三井住友信託が出資」（２０１８年12月18日）より。出所：https://www.nikkei.com/article/DGXMZO39098600Y8A211C1L31000/
[69] 外務省ウェブサイトより。出所：https://www.mofa.go.jp/mofaj/files/000372397.pdf
[70] ２０１９年４月時点の商号。２０２０年４月１日付で商号を「損害保険ジャパン」に変更することが２０１９年４月１日に発表されています。損害保険ジャパン日本興亜、プレスリリースより。出所：https://www.sompo-hd.com/~/media/hd/files/news/2019/20190401_1.pdf
[71] ＳＯＭＰＯホールディングス、ＣＳＲウェブサイトより。出所：https://www.sompo-hd.com/csr/action/community/content4/#02（２０１９年４月アクセス）
[72] ＪＩＣＡウェブサイトより。出所：https://www2.jica.go.jp/ja/priv_sme_partner/document/479/1403090_summary.pdf
[73] ネイチャーテクノロジーデータベースウェブサイトより。出所：http://www.naturetech-db.jp
[74] ネイチャーテクノロジーデータベースウェブサイトより。出所：http://www.naturetech-db.jp/contents/view/187
[75] ネイチャーテクノロジーデータベースウェブサイトより。出所：http://www.naturetech-db.jp/contents/view/176
[76] 本章で取り上げた事例は、公開情報に基づき筆者がまとめたものです。

著者略歴

村上 芽（むらかみ・めぐむ）
株式会社日本総合研究所　創発戦略センター シニアマネジャー。
京都大学法学部卒業後、日本興業銀行（現みずほ銀行）を経て2003年に日本総合研究所入社。ESG（環境、社会、ガバナンス）投資の支援や気候変動リスクと金融などが専門。

渡辺 珠子（わたなべ・たまこ）
株式会社日本総合研究所　創発戦略センター スペシャリスト。
名古屋大学大学院 国際開発研究科修了。メーカー系シンクタンクを経て2008年日本総合研究所入社。国内外の社会的企業の動向、インパクト投資、スタートアップ支援が専門。

日経文庫 1408

SDGs入門

2019年 6月14日　1版1刷
2020年11月30日　　16刷

著　者　村上 芽・渡辺 珠子
発行者　白石 賢
発　行　日経BP
　　　　日本経済新聞出版本部
発　売　日経BPマーケティング
　　　　〒105-8308　東京都港区虎ノ門4-3-12

装幀　next door design
組版　マーリンクレイン
印刷・製本　三松堂

ISBN978-4-532-11408-4
Printed in Japan